《论语》精编二百则

◎李广谦 编译

中原出版传媒集团
中原传媒股份公司

大象出版社
·郑州·

图书在版编目(CIP)数据

《论语》精编二百则 / 李广谦编译.— 郑州 : 大象出版社, 2017. 1 (2020. 7 重印)
ISBN 978-7-5347-9060-7

Ⅰ. ①论… Ⅱ. ①李… Ⅲ. ①儒家②《论语》-通俗读物 Ⅳ. ①B222. 2-49

中国版本图书馆 CIP 数据核字(2017)第 003028 号

《论语》精编二百则

LUNYU JINGBIAN ERBAIZE

李广谦　编译

出 版 人　王刘纯
责任编辑　李建平　司　雯
责任校对　张迎娟
封面设计　付锬锬

出版发行　大象出版社(郑州市郑东新区祥盛街 27 号　邮政编码 450016)
　　　　　发行科　0371-63863551　总编室　0371-65597936
网　　址　www.daxiang.cn
印　　刷　河南文华印务有限公司
经　　销　各地新华书店经销
开　　本　890 mm×1240 mm　1/32
印　　张　7.25
字　　数　76 千字
版　　次　2017 年 1 月第 1 版　2020 年 7 月第 4 次印刷
定　　价　18.00 元
若发现印、装质量问题,影响阅读,请与承印厂联系调换。
印厂地址　新乡市获嘉县亢村镇工业园
邮政编码　453800　　　电话　0373-5969992　5961789

前言

一九八八年一月，在巴黎召开的主题为『面向二十一世纪』的第一届诺贝尔奖获得者国际大会，正式参会者七十五人。《堪培拉时报》记者帕特里克·曼汉姆在报道中说：在新闻发布会上，最精彩的是汉内斯·阿尔文博士（瑞典一九七〇年诺贝尔物理学奖获得者）的发言，他在其等离子物理学研究领域中的辉煌生涯将近结束时，得出如下结论：人类要生存下去，就必须回到二十五个世纪以前，去汲取孔子的智慧。

二〇一三年十一月二十六日，习近平同志到山东曲阜孔府考察。在同有关专家学者座谈时表示，中华民族有着源远流长的传统文化，也一定能创造中华文化新的辉煌。研究孔子和儒家思想要坚持历史唯物主义立场，坚持古为今用，去粗取精，去伪存真，因势利导，深化研究，使其在新的时代条件下发挥积极作用。

孔子（前551—前479），名丘，字仲尼，春秋时鲁国人。他在世时已被世人誉为『千古圣人』，是当时社会上公认的博学广识的思想家、教育家，被后世尊奉为『至圣先师』『万世师表』。

《论语》是儒家学派的经典著作，是由中国古代思想家、政治家、教育家孔子的弟子及再传弟子编撰而成，是记录孔子及其弟子言行的经典书籍。

《论语》是研究儒家代表人物孔子思想的重要依据。它集中体现了孔子的政治主张、伦理思想、道德观念及教育原则等。两千五百多年来，尤其是汉武帝『罢黜百家，独尊儒术』以后，孔子的思想被确立为至尊地位，他的思想几乎渗透到中国历史的各个领域，已成为一种文化基因，融入华夏文明的血脉之中，影响了世代中国人。同时，对中国周边国家和世界华人影响也极为深远。

《论语》代表中华文化的精粹，在国学中占有非常重要的地位。作为一部优秀的首创语录体文集，它以言简意赅、形象生动的文字忠实地记录了孔子及其弟子的言论，其中许多富有哲理的语句已成为寓意深刻的成语和至理名言。阅读《论语》可以从中得到人生智慧的启迪。习近平同志在其已发表的文章和讲话中，引用《论语》中名言名句的地方就有二十多处。

历史上，许多大儒为《论语》的编纂做出了贡献。西汉末年，帝师张禹以

《鲁论语》为主，参照《齐论语》，把两个版本的《论语》融合为一种版本，称为《张侯论》。东汉经学家郑玄又在《张侯论》的基础上，综合了《古论语》等各种版本混编出新的《论语》版本，这就是流行至今的二十篇版本。南宋著名理学家朱熹把《论语》和《大学》《中庸》《孟子》合称为『四书』。

《论语》并没有严格的编纂体例，它就是集章成篇，大致归类，篇与篇、篇与章之间虽有一定的内在关联，但从文字上看并无紧密的联系，每一则（节）就是独立的一章，就连其篇名的构成方式也是很独特的。例如《论语》的第一篇名为『学而篇第一』，就是取之本篇第一章的主文首句『学而时习之』的前两个字，再加上顺序数字构成本篇篇名。其他各篇的篇名，也是用同样的方法构成的。篇名字数，一般只取本篇首章的主文首句前两个字。二十篇中，只有

《公冶长篇第五》《卫灵公篇第十五》两篇是取该篇首章的主文首句前三个字构成篇名的，因涉及名称的完整性，取两个字不妥，只能取人的名称三个字构成篇名。所以从《论语》篇名的构成方式上也可以看出，其各篇篇名除与本篇的第一章有取篇名的关系外，与本篇其他章节内容的统一性上并无紧密关联。仍以《学而篇第一》为例，本篇共十六章，其中既有学习方面的内容，也有修身养性和仁、孝、信等方面的内容。特别是《雍也篇第六》，包含的内容更为复杂。此篇共三十章，内容涉及政治、伦理、哲学、人性、人才等诸多方面，同时还涉及孔子评论自己弟子的一些谈话内容。如果不是精通或熟读《论语》的人，想查找或引用其中某一方面的内容，必须费一番工夫从二十篇中逐篇逐章一一查找，的确有些不易。

现存《论语》二十篇四百二十九章，有的现代版本分为五百一十二章。为帮助广大基层干部、群众和青少年群体更方便地学好用好《论语》这部国学经典著作，笔者从中精选出比较贴近现代教育理念，让读者在工作、学习上更有借鉴意义的相关章节，编写成这本普及型、实用型的书。

本书在编排体例上有以下特点：

一、为方便读者，选编的内容少而精，既突出实用性，也能更好地展现《论语》之精华。

二、改变传统的二十篇编排法，本书所选二百则按内容的不同，分别编入『十二篇』。

三、为方便与原二十篇版本《论语》对照学习，对本书所选的每则原文都注明出处。如（二·十一），表示此则选自《论语》第二篇第十一章。

四、对每则原文均增加注释、译文部分，对通假、生僻难认或古今读音不同的字加有注音。

五、每页外侧装饰线框内都标有篇名，一目了然，便于快速翻阅查找。

六、二百则中的名言名句，摘编为名言名句索引附在书后，以便选用。

作为中华古典文化精粹和孔子思想代表的《论语》，即使处在今天经济、文化发展全球化的时代大潮中，仍然具有世界意义和现代意义，《论语》的许多思想和哲理仍有宝贵的借鉴意义和时代价值。

再次说明，本书不是以学术研究为目的而编写的，是为了满足基层干部、群众和青少年群体学习和应用经典的需要，为了让古代圣贤的智慧真正进入百姓生活而编写的通俗选编本。

要想更深刻地了解《论语》博大精深的思想内涵，还必须进一步全面系统地学习其二十篇原文。

希望广大读者在阅读本书后，多提出宝贵意见，以便于修改完善。

李广谦

二〇一五年九月

目录

学习篇

原文

（一）子①曰：『有教②无类③。』

（十五·三十九）

注释

①子：古代特指品德高尚、学识渊博的人。这里是尊称孔子。

②有教：人人都应有机会接受教育。

③类：种类，类别。

译文

孔子说：『人人都应有机会接受教育，没有贵贱、贫富等类别限制。』

原文

（七·二十）

（二）子曰：『我非生①而知之②者，好古③，敏④以求之者也。』

注释

①生：天生。

②知之：知，知道。知之，对于事实、道理有认识，有知识。

③古：古代文化。

④敏：勤奋敏锐。

译文

孔子说：『我不是生来就有知识的人，而是爱好学习古代文化，勤奋敏锐地求取知识的人。』

原文

（三）子曰："吾尝①终日不食，终夜不寝，以②思，无益，不如学也。"（十五·三十一）

注释

①尝：曾经。

②以：用来。

译文

孔子说："我曾经整天不吃饭，彻夜不睡觉，全部时间用来思考，结果没有什么益处，还不如去勤奋学习有实际收获。"

原文

（七·二）

（四）子曰：『默①而识②之，学而不厌，诲③人不倦，何有④于我哉？』

注释

①默：默默地在心中反复思考。

②识（zhì）：记住。

③诲：教诲，教导。

④何有：有何，有什么，意思是没有什么。

译文

孔子说：『默默地在心中牢记所学的知识，勤奋学习不觉得厌烦，教导别人不知疲倦，这些对于我来说有什么为难的呢？』

原文

（二·十七）

（五）子曰：『由①，诲女②知③之乎？知之为知之，不知为不知，是知④也。』

注释

①由：姓仲，名由，字子路，孔子的学生。

②女（rǔ）：通『汝』，你。

③知：知道，明白。

④知（zhì）：通『智』，明智，智慧。

译文

孔子说：『仲由，我教给你的知识，你理解了吗？知道就是知道，不知道就是不知道，这种态度才是最明智的。』

原文

（二·十五）

（六）子曰：『学而不思则罔①，思而不学则殆②。』

注释

①罔：通『惘』，迷惑，糊涂。

②殆：疑惑，危险。

译文

孔子说：『只读书学习而不用心思考问题，就会惘然无知；只空想而不读书学习，就会疑惑而无所得。』

原文

（二·十一）

（七）子曰：『温故①而知新②，可以为师矣。』

注释

①温故：温，温习、复习。故，指已学的知识。即温习旧知识。

②知新：悟到的新的知识。

译文

孔子说：『在温习旧知识时，每次都能有新的体会、新的认识，这样下去就可以当老师了。』

原文

（二·十二）

（八）子曰：『君子①不器②。』

注释

①君子：古代指有一定地位的人，后来指品格高尚、有一定学识的人。

②器：器具。

译文

孔子说：『君子的知识应是全面的，不能像器具那样，只有某一方面的用途。』

原文

（一·一）

（九）子曰：『学①而时习②之，不亦说③乎？』

注释

①学：孔子在这里所讲的『学』，主要是指学习西周的《礼》《乐》《诗》《书》等传统文化典籍。

②时习：时，时常。习，温习，练习，实践。

③说（yuè）：通『悦』，愉快、高兴的意思。

译文

孔子说：『学得知识后又时常温习和实践，不也是很让人愉快的事情吗？』

原文

（一·十四）

（十）子曰：『君子食无求饱①，居无求安②，敏③于事而慎于言，就④有道⑤而正⑥焉，可谓好学也已⑦。』

注释

①饱：饱和，丰盛。②安：舒适。

③敏：勤奋，敏捷。④就：靠近，接近。

⑤有道：指有道德的人。⑥正：匡正，端正。

⑦也已：语气词连用，表示肯定。

译文

孔子说：『君子吃饭不求丰盛，居住不求舒适，做事勤奋敏捷，说话小心谨慎，接近有道德的人以便匡正自己的缺点，这样可以说是好学了。』

原文

（五·十五）

（十一）子贡问曰：『孔文子①何以谓之「文」也？』子曰：『敏②而好学，不耻下问③，是以谓之「文」也。』

注释

①孔文子：卫国大夫孔圉（yǔ），字仲叔，『文』是其谥号，『子』是其尊称。

②敏：聪敏灵活。

③下问：向地位卑下的人请教。

译文

子贡问道：『为什么给孔文子一个「文」的谥号呢？』孔子说：『他聪敏灵活而且好学，不以向比自己地位卑下的人请教为耻，所以给他「文」的谥号。』

原文

（六·二十）

（十二）子曰：『知①之者不如好②之者，好之者不如乐之③者。』

注释

①知：此处指对知识只作一般了解。

②好（hào）：爱好。

③乐之：以之为乐。

译文

孔子说：『追求知识学问，只求一般懂得它的人不如爱好它的人，爱好它的人又不如以它为乐的人。』

原文

（十三）叶公①问孔子于子路，子路不对②。子曰：『女③奚④不曰：「其为人也，发愤忘食，乐以忘忧，不知老之将至云尔⑤。」』（七·十九）

注释

①叶公：姓沈，名诸梁，字子高，楚国大夫，封地在春秋楚地叶城（今河南叶县南），所以叫叶公。②对：应对。③女：通『汝』，你。④奚（xī）：疑问词，何。⑤云尔：如此而已。

译文

叶公向子路问孔子是个什么样的人，子路没有回答。孔子对子路说：『你为什么不这样说：「他这个人，发奋用功时连吃饭都忘了，快乐起来把一切忧虑都忘了，连自己快要老了都不知道，如此而已。」』

原文

（七·二十八）

（十四）子曰：『盖①有不知而作之②者，我无是也。多闻，择其善者而从之，多见而识③之，知之次也④。』

注释

①盖：大概。　②作之：做作，虚假，不懂装懂。　③识：记住。

④次也：次一等。孔子说：『生而知之者，上也；学而知之者，次也。』

译文

孔子说：『大概有一种自己不懂却好凭空虚造的人，我却不是这样的。我主张多多地听，选择其中好的加以接受；多多地看，记在心里。这样的「学而知之」，是仅次于「生而知之」的。』

原文

（七·八）

（十五）子曰：『不愤①不启，不悱②不发。举一隅③不以三隅反④，则不复⑤也。』

注释

①愤：苦思冥想仍然领会不了的状态。　②悱（fěi）：想说又不能明确表达出来的样子。

③隅（yú）：角落，局部。　④反：反过来证明，也就是举一反三类推的意思。

⑤复：重复，反复。

译文

孔子说：『教导学生，不到他苦思冥想还领会不了的时候，不去开导他；不到他想说却又说不出来的时候，不去启发他。教给他一个方面的内容，他却不能举一反三，由此类推而知道其他许多方面的内容，那就不能再继续教他其他的内容了。』

原文

（十四·二十四）

（十六）子曰：『古之学者①为己，今之学者为人②。』

注释

①学者：学习者，学习的人。

②为人：为他人，给别人看。

译文

孔子说：『古代的人学习是为了求知提高自己，而现在的人学习是为了给别人看。』

原文

（十七）（六·三）

哀公问：『弟子孰①为好学？』孔子对曰：『有颜回者好学，不迁怒②，不贰过③。不幸短命死矣④！今也则亡⑤，未闻好学者也。』

注释

①孰：疑问代词，谁，哪个。

②不迁怒：不把个人的怒气发泄到别人的身上。

③不贰过：贰，重复、一再的意思。这里是说不重犯同样的错误。

④短命死矣：指颜回去世时年仅三十一岁。

⑤亡：通『无』，没有。

译文

鲁哀公问孔子：『你的学生中谁是最好学的呢？』孔子回答说：『有一个叫颜回的学生好学，他从不把个人的怒气发泄到别人身上，也从不重犯同样的过错。可惜短寿死了。现在没有这样的学生了，再没有听说谁是最好学的了。』

原文

（八·十七）

（十八）子曰：『学如①不及②，犹恐③失之。』

注释

①如：好像。

②不及：追赶不上。

③犹恐：还担心、害怕。

译文

孔子说：『学习好像追赶什么似的，总是怕赶不上，而且还担心自己把已学到的知识再失去了。』

原文

（十七·三）

（十九）子曰：『唯①上知②与下愚不移③。』

注释

①唯：只有。

②知：通『智』，聪明。

③移：改变。

译文

孔子说：『只有上等的聪明之人与下等的愚笨之人，其性情是难以改变的。』

原文

（九·六）

（二十）太宰①问于子贡曰：『夫子圣者与②？何其多能③也？』子贡曰：『固④天纵⑤之将圣，又多能也。』

子闻之，曰：『太宰知我乎？吾少也贱，故多能鄙事⑥。君子多乎哉？不多也。』

注释

①太宰：官名，掌管国君宫廷事务的官员。 ②与：语气助词，表示疑问，与『乎』同，译为『吧』。 ③能：技能，才艺。 ④固：既然。此处表示承认甲事实，也不否认乙事实。 ⑤纵：让，使。 ⑥鄙事：低下卑微的事情，指各种技艺。

译文

太宰问子贡说：『孔夫子是位圣人吧？为什么会这样多才多艺呢？』子贡说：『既然上天能够让他成为圣人，当然也就会让他这样多才多艺。』

孔子听到后说：『太宰会了解我吗？我因为少年时地位低贱，所以学会许多卑贱的技艺。一般的君子会有这么多的技艺吗？不会这么多的。』

原文

（十七・二十二）

二十二　子曰：『饱食终日，无所用心，难①矣哉！不有博弈②者乎？为之，犹贤③乎已④。』

注释

①难：难以上进。

②博弈：古代一种棋局游戏。

③贤：好，胜过。

④已：停止，什么都不干。

译文

孔子说：『整天吃饱了饭，什么心思也不用，要有所作为真是太难了！不是还有下棋的游戏吗？玩玩这个，也比什么都不干好。』

原文

（二十二）子谓子贡曰：「女①与回也孰②愈③？」对曰：「赐④也何敢望回？回也闻一以知十，赐也闻一以知二。」子曰：「弗⑤如也，吾与⑥女弗如也。」（五・九）

注释

①女：通「汝」，你。

②孰：谁。

③愈：胜过，更好，更强。

④赐：子贡的名字。

⑤弗：不。

⑥与：赞同，同意。

译文

孔子对子贡说：「你和颜回两个相比谁更强一些呢？」子贡回答说：「我怎么敢和颜回相比呢？颜回他听到一件事就可以推知十件事，我呢，知道一件事只能由此知彼推知一两件事。」孔子说：「是不如他呀，我同意你说的，是不如他。」

原文

（二十三）（十九·十三）

子夏曰：『仕而优①则学，学而优则仕。』

注释

①优：有余力，有闲暇。

译文

子夏说：『做官还有余力的人，就应继续学习；学习有余力，就可以去做官。』

原文

（二十四）子夏曰：『百工①居肆②以成其事，君子学以致③其道④。』

（十九·七）

注释

①百工：各种技艺的工匠。

②肆：指店铺作坊，即古代制造物品的场所。

③致：达到，求得。

④道：道理。

译文

子夏说：『各种技艺的工匠在店铺作坊里完成自己的工作，君子是通过学习来求得他们所追求的道理和道义的。』

原文

（十九·五）

（二十五）子夏曰：『日①知其所亡②，月无忘其所能③，可谓好学也已④矣。』

注释

①日：每天。
②亡：不知道的，不懂得的。
③所能：指已学会的、已掌握的知识。
④也已：语气词连用，表示肯定。

译文

子夏说：『每天都学到一些过去所不知道的知识，每月都做到不忘记已经学会和掌握的知识，这就可以叫作好学了。』

原文

（十九·六）

（二十六）子夏曰：『博学而笃①志，切问而近思②，仁在其中矣。』

注释

①笃：坚定，专心。

②切问而近思：恳切地提出问题，并贴近实际思考解决当前的问题。

译文

子夏说：『博览群书广泛学习，坚定自己的志向，恳切地提出问题，并贴近实际思考解决当前的问题，仁就在其中了。』

原文

（九·十七）

（二十七）子在川上①曰：『逝②者如斯③夫！不舍④昼夜。』

注释

①川上：指河边、河岸。

②逝：消逝。

③斯：这。

④舍：停止。

译文

孔子在河边感叹说：『消逝的时光就像这河水一样啊，不分昼夜地向前流去。』

原文

（十六·九）

（二十八）孔子曰：『生而知①之者，上也；学而知之者，次也；困②而学之，又其次也；困而不学，民③斯为下矣。』

注释

①知：知道，懂得。

②困：困惑，遇到问题。

③民：指天赋一般的普通百姓。

译文

孔子说：『生下来就知道的人，是上等人；经过学习以后才知道的人，是次一等的人；遇到困惑才去学习的人，是又次一等的人；遇到困惑还不学习的人，这就是下等的人了。』

修身篇

原文

（二十九）（七·二十二）

子曰：「三人①行，必有我师焉。择其善②者而从之，其不善者而改之。」

注释

①三人：泛指几个人，「三」非实数。

②善：优点，长处。

译文

孔子说：「几个人一起行走，其中必定有人可以做我的老师。我选择他的长处向他学习，看到他不好的地方就作为借鉴自省，并改掉自己的缺点。」

原文

（四·十七）

（三十）子曰：『见贤①思齐②焉，见不贤而内自省③也。』

注释

①贤：有德有才的人。

②齐：靠拢，看齐。

③省：反省。

译文

孔子说：『见到贤能的人，就应该考虑如何向他学习、看齐；见到不贤的人，就应该自我对照、反省，引以为戒。』

原文

（九·二十九）

（三十一）子曰：『知①者不惑，仁者②不忧，勇者不惧。』

注释

①知：通『智』，聪明。

②仁者：有仁德的人，实行仁政的人。

译文

孔子说：『聪明的人是不会迷惑不解的，有仁德、实行仁政的人是不会忧虑的，勇敢的人是不会畏惧不前的。』

原文

（三十二）冉求①曰：『非不说②子之道③，力不足也。』子曰：『力不足者，中道④而废，今女画⑤。』

（六·十二）

注释

①冉求：字子有，孔子的学生。 ②说：通『悦』，喜欢，仰慕。

③道：学说。 ④中道：中途，半路。

⑤女画：女，通『汝』，你。画，通『划』，划定界限，不愿前进。

译文

冉求说：『我不是不喜欢老师您的学说，而是我的能力不够呀。』孔子说：『能力不够的人是到了半路不得已才停下来，而你现在是尚未行动，就自己已给自己划定界限不愿前行。』

原文

（八·八）

（三十三）子曰：『兴于诗①，立②于礼，成③于乐④。』

注释

①兴于诗：兴，兴起，开始。即人的修养始于学《诗经》。

②立：立足于社会，树立道德。

③成：完成，达到。

④乐（yuè）：音乐。

译文

孔子说：『《诗经》使我心志勃发，礼仪使我卓然自立，音乐使我陶冶情操，事业成功。』

原文

（十六·五）

（三十四）孔子曰：『益者三乐①，损者三乐。乐节礼乐②，乐道③人之善，乐多贤友，益矣。乐骄乐④，乐佚⑤游，乐宴乐⑥，损矣。』

注释

①乐（yào）：爱好。 ②节礼乐（yuè）：节，调节。孔子主张通过调节礼乐来陶冶人的情操和情趣。 ③道：称道。 ④骄乐（lè）：骄纵不知节制地玩乐。 ⑤佚（yì）：通『逸』，享乐。 ⑥宴乐（lè）：沉溺于宴饮取乐。

译文

孔子说：『有益的爱好有三种，有害的喜好有三种。以礼乐调节自己的情操为喜好，以称道别人的好处为喜好，以有许多贤德之友为喜好，这是有益的。以骄纵淫乐为爱好，以安逸游乐为爱好，以宴饮取乐为爱好，这就是有害的。』

原文

（十七·二十三）

（三十五）子路曰：『君子尚[1]勇乎？』子曰：『君子义[2]以为上。君子有勇而无义为乱，小人有勇而无义为盗。』

注释

①尚：崇尚。

②义：道义。

译文

子路问道：『君子崇尚勇武吗？』孔子道：『君子认为道义是最值得崇尚的。君子只有勇武而没有道义，就会扰乱社会，出大乱子；小人只有勇武而没有道义，就会去做强盗。』

原文

（三十六）子贡问曰：『何如斯①可谓之士②矣？』子曰：『行己有耻，使于四方，不辱君命，可谓士矣。』曰：『敢③问其次？』曰：『宗族称孝焉，乡党称弟④焉。』曰：『敢问其次？』曰：『言必信，行必果⑤，硁硁⑥然小人哉！抑亦可以为次矣。』

（十三·二十）

注释

①斯：则，乃。②士：士在周代贵族中位于最底层。此后，士成为古代社会读书人、知识分子的通称。③敢：谦辞，有冒昧的意思。④弟：同『悌』，敬重兄长。⑤果：果断，坚决。⑥硁（kēng）硁：拟声词，敲击石头的声音。这里引申为像石块那样坚硬，表示浅陋而固执的样子。

译文

子贡问道：『怎样做才能称为士？』孔子说：『自己做事时有是非感及知耻之心，出使到其他国家，能够完成君主交付的使命，可以称为士。』

子贡说：『我冒昧地请问次一等的呢？』孔子说：『宗族中的人称赞他孝顺父母，乡里的人们称赞他尊敬兄长。』

子贡说：『我冒昧地请问再次一等的呢？』孔子说：『说到一定做到，做事一定坚持到底，不问是非地固执己见，那是小人啊！也可以说是再次一等的了。』

原文

（七·三）

（三十七）子曰：『德之不修，学之不讲①，闻义②不能徙③，不善不能改，是吾忧也。』

注释

①讲：讲究。此处为认真、重视、追求完美。

②义：道义，仁义，正义。

③徙：迁移，这里指向『义』靠拢，使自己的行为符合『义』。

译文

孔子说：『如果一个人对品德不去修养，对学问不认真探讨，对于正义也不追求，对错误也不改正，这些都是我所忧虑的呀。』

原文

（三十八）孔子曰：『见善如不及①，见不善如探汤②。吾见其人矣，吾闻其语矣。隐居以求其志，行义以达其道。吾闻其语矣，未见其人也。』

（十六·十一）

注释

①不及：赶不上。

②探汤：手伸到沸水里。

译文

孔子说：『看见仁义善良，努力去追求，生怕赶不上似的；遇见邪恶，尽快避开，如同手快伸到沸水里似的。我见过这样的人，也听过这样的话。避世隐居以求保全他的意志，依义而行以求贯彻他的主张，我听过这样的话，却还没见过这样的人。』

原文

（十九·二十）

（三十九）子贡曰：『纣①之不善，不如是②之甚也。是以君子恶居下流③，天下之恶皆归焉。』

注释

①纣：帝辛，殷商最末之君，为周武王所伐，自焚而死。

②是：代词，指传说的事。

③下流：指因失德而居人之下，声名扫地。

译文

子贡说：『商纣的暴虐，并不像现在人们传说的这样厉害。所以君子最憎恨的是因失德而居于下流，一居下流，天下的坏事都归结于他了。』

原文

（四十四）

（四·十四）

子曰：『不患①无位②，患所以立③。不患莫己知④，求为可知⑤也。』

注释

①患：担忧，害怕，计较。

②位：职位。

③立：指立足、立身所具备的德才。

④莫己知：即『莫知己』，指没有人知道自己。

⑤为可知：具有能被别人知道的成就和事迹。

译文

孔子说：『不愁没有职位，只怕自己没有足够胜任职位的才学、本领；不愁没有人了解，只求自己有真才实学，具有值得为人们所重视的成就和事迹。』

原文

（十九·十一）

（四十一）子夏曰：『大德①不逾闲②，小德出入③可也。』

注释

①大德：指大节。后句的『小德』指小节。

②逾闲：逾，超越。闲，本义是『阑』，指木栅栏，引申为限制、界限。

③出入：此指有少许差距。

译文

子夏说：『人在重大节操上不能超越界限，但生活细节上有些出入也不算大问题，不必处处拘泥于小节。』

原文

（四·二十四）

（四十二）子曰：『君子欲讷①于言，而敏②于行。』

注释

①欲讷：欲，要。讷，迟钝。这里指说话要谨慎。

②敏：敏捷、果敢的意思。

译文

孔子说：『君子说话要谨慎，而做事要敏捷、果敢。』

原文

（四·五）

（四十三）子曰：『富与贵，是人之所欲也，不以其道①得之，不处也。贫与贱，是人之所恶也，不以其道得之②，不去③也。』

注释

①道：正道，正当途径和方法。

②得之：指得到摆脱贫贱的正当手段。

③去：离开，摆脱。

译文

孔子说：『有钱和做官，这是人人所盼望的，不用正当的方法去得到它，君子是不会接受的。贫困和卑贱，这是人人所厌恶的，如果不用正当的手段去摆脱它，君子是宁可不摆脱贫贱的。』

原文

（六·十八）

（四十四）子曰：『质①胜文②则野③，文胜质则史④。文质彬彬⑤，然后君子。』

注释

①质：朴实、自然，无修饰的。　②文：文采，经过修饰的。

③野：此处指粗野、缺乏文采。

④史：此处有言词华丽、虚浮不实的意思。　⑤彬彬：指文与质的配合很恰当。

译文

孔子说：『质朴多于文采，就显得粗野；文采多于质朴，就未免虚浮。只有质朴和文采配合恰当，才是君子应有的文雅风度。』

原文

（四十五）

（六·十九）

子曰：『人之生也直①，罔②之生也幸③而免。』

注释

①直：正直，正直的人品。

②罔（wǎng）：通『枉』，此处指不走正道的诬枉之人。

③幸：侥幸。

译文

孔子说：『活在世上靠的是正直的人品，不正直的人虽然也能生存，只不过是由于侥幸才避免了灾祸。』

原文

（五·十）

（四十六）宰予①昼寝。子曰：『朽木不可雕也，粪土②之墙不可杇③也。于予④与何诛⑤？』子曰：『始吾于人也，听其言而信其行；今吾于人也，听其言而观其行。于予与改是。』

注释

①宰予：字子我，孔子的学生。　②粪土：腐土，脏土。

③杇（wū）：通『圬』。本指用灰泥抹墙的工具，俗称『抹子』。这里是指用抹子抹平。

④予：指宰予，与下文的『予』意思相同。　⑤诛：口诛，批判，此为责备，这里是批评的意思。

译文

宰予白天睡觉。孔子说：『腐朽的木头无法雕刻，腐土垒的墙壁无法粉刷。对于宰予这个人，责备他还有什么用呢？』孔子说：『起初我对于人，是听了他说的话便相信他的行为；现在我对于人，是听了他讲的话还要观察他的行为。从宰予的身上让我改变了观察人的方法。』

原文

（四十七）（二·十四）子曰：『君子周①而不比②，小人③比而不周。』

注释

①周：以道义来团结人。

②比（bì）：由于利害关系而相互勾结。

③小人：指人格卑鄙的人。

译文

孔子说：『君子是以道义团结人，而不是勾结；小人是为私利相互勾结，而不是团结。』

原文

（四·七）

（四十八）子曰：『人之过①也，各于其党②。观过，斯③知仁④矣。』

注释

①过：过错。

②党：类别，类型。

③斯：就。

④仁：此同『人』。

译文

孔子说：『人们所犯的过错，有着各自不同的类型。观察一个人所犯的过错，就可以知道这个人属于哪一类的人了。』

原文

（四·九）

（四十九）子曰：『士①志于道，而耻恶②衣恶食者，未足与议③也！』

注释

①士：指有知识、有修养、有一定社会地位的人。《论语》中的『士』则多指读书人。

②恶：粗劣。

③议：议论，论事说理。

译文

孔子说：『作为读书人，志向是追求真理，假若以自己吃得不好、穿得不好为耻辱，这种人是不值得与他论事说理的。』

原文

（十七·二十四）

（五十）子贡曰：『君子亦有恶①乎？』子曰：『有恶：恶称人之恶者，恶居下流②而讪③上者，恶勇而无礼者，恶果敢而窒④者。』

注释

①恶（wù）：厌恶，憎恶。 ②下流：低下位置。 ③讪：诋毁。

④窒：不通，指不通达事理。

译文

子贡问道：『君子也有所憎恶的事吗？』孔子道：『有憎恶的事：憎恶专讲别人缺点的人，憎恶在下位而诋毁上级的人，憎恶逞勇好强不懂礼节的人，憎恶果敢却不愿通融、固执己见的人。』

原文

（十五·二十一）

（五十一）子曰：『君子①求诸②己，小人③求④诸人⑤。』

注释

①君子：指有道德、有知识的人。

②求诸：求，要求，求助。诸，『之于』的合音。

③小人：指人格卑鄙的人。

④求：苛求。

⑤人：他人。

译文

孔子说：『君子严格要求自己，小人则是常常苛求他人。』

原文

（十五·三十）

（五十二）子曰：『过①而②不改，是谓③过矣。』

注释

①过：过错，犯错误。

②而：位于主语、谓语之间，有『如果』的意思。

③是谓：这才是。

译文

孔子说：『有了过错如果不去改正，这才真叫过错。』

原文

（十九·八）

（五十三）子夏曰：『小人之过也[1]必文[2]。』

注释

①也：助词，用于句中表停顿或作衬字，无义。

②必文：必，必定。文，文饰，掩盖，文过饰非。意为一定会加以掩饰。

译文

子夏说：『小人对自己犯的错误一定会加以掩饰。』

原文

（十九·二十一）

（五十四）子贡曰：『君子之过①也，如日月之食焉：过也，人皆见之；更也②，人皆仰之。』

注释

①过：过错。

②更：更改，改正。

译文

子贡说：『君子正大光明，他的过错好比日食、月食：他的过错，人们都看得见；他改正过错，人们都景仰他。』

原文

（十七·二十六）

（五十五）子曰：『年[1]四十而见恶[2]焉，其终[3]也已[4]。』

注释

①年：年岁，年龄。

②见恶（wù）：见，被。见恶，表示被讨厌、憎恨的意思。

③终：终止，一生。

④已：停止，到尽头了。

译文

孔子说：『到了四十岁的时候，如果还被人所厌恶，他这一生也就算到尽头了。』

原文

（五十六）子曰：『后生①可畏，焉②知来者之不如今也？四十、五十而无闻③焉，斯④亦不足畏也已！』

（九·二十三）

注释

①后生：年轻人。

②焉：疑问代词，怎么。

③闻：指修养、学问、办事能力等方面的成就和知名度。

④斯：这，这个。

译文

孔子说：『年轻人是值得敬畏的，怎么就知道后一代不如前一代呢？一个人如果到了四五十岁时仍默默无闻，那他也就没有什么值得敬畏的了！』

原文

（二·四）

（五十七）子曰：『吾十有①五而志于学，三十而立②，四十而不惑③，五十而知天命④，六十而耳顺⑤，七十而从心所欲，不逾矩。』

注释

①有：通『又』。 ②立：自立。

③不惑：掌握了知识，不被外界事物所迷惑。

④天命：自然规律，指不由人的意志支配的事情。

⑤耳顺：指对那些于己不利的意见也能正确对待。

译文

孔子说：『我十五岁立志于学习，三十岁能够自立，四十岁能不为外界事物所迷惑，五十岁懂得了天命，六十岁能听得进各种不同的意见，七十岁能随心所欲，而不会越出规矩。』

原文

（九·二十八）

（五十八）子曰：『岁寒①，然后知松柏之后凋②也③。』

注释

①岁寒：十冬腊月，一年中天气最寒冷的季节。

②凋：凋谢。

③也：放在句末表判断和肯定的语气。

译文

孔子说：『只有到了一年中最寒冷的季节，才知道松柏是最后凋谢的。』

养性篇

原文

（五十九）

子曰：『以约①失②之者鲜③矣④！』

（四·二十三）

注释

①约：严于律己，约束自己。

②失：过失。

③鲜（xiǎn）：少。

④矣：用在句末表示明确肯定。

译文

孔子说：『因为严格约束自己还有过失的人，是很少见的。』

原文

（六十）季文子①三②思而后行。子闻之，曰：“再③，斯④可矣！”（五·二十）

注释

①季文子：鲁国大夫季孙行父，其行为素以谨慎多虑著称。

②三：泛指多次。

③再：两次。

④斯：就。

译文

季文子每做一件事都要考虑多次才行动。孔子听到之后，说：“认真考虑两次也就行了。”

原文

（十五·十五）

（六十一）子曰：『躬自厚[①]而薄[②]责于人，则[③]远怨[④]矣[⑤]。』

注释

①躬自厚：即『躬自厚责』，『责』字因下文有而省略。躬自，弯下身子，严于律己的意思。厚责，即『责己厚』。厚，多、严。　②薄：少。

③则：就。　④怨：怨恨。

⑤矣：语气助词，用在句末，译为『了』。

译文

孔子说：『严于律己、多责备自己而少责备别人，就会远离怨恨了。』

原文

（一·四）

（六十二）曾子[1]曰：『吾日三省[2]吾身：为人谋[3]而不忠乎？与朋友交而不信乎？传[4]不习[5]乎？』

注释

①曾子：姓曾，名参，字子舆，孔子的学生。

②三省：多次自我反省。三，泛指多次。省，内省、反省。

③谋：谋划，帮助。

④传：老师传授给自己的知识。

⑤习：指温习、实习。

译文

曾子说：『我每天多次反省自己：帮别人做事情时没尽心竭力吗？同朋友交往没做到诚实守信吗？老师传授的知识没有去复习实践吗？』

原文

（九·四）

（六十三）子绝①四：毋意②，毋必③，毋固④，毋我⑤。

注释

①绝：杜绝。

②意：猜想，猜疑。

③必：必定，绝对肯定。

④固：固执己见。

⑤我：存私见，谋私利。

译文

孔子坚决杜绝四种缺点，做到：不主观猜疑，不绝对肯定，不固执己见，不存私见谋私利。

原文

（六十四）子曰：『君子坦荡荡①，小人长戚戚②。』（七·三十七）

注释

①坦荡荡：心胸宽广、开阔。

②长戚戚：经常忧愁、烦恼不安的样子。

译文

孔子说：『君子总是心胸宽广坦荡，小人却经常忧愁不安。』

原文（十五·二）

（六十五）在陈绝粮，从者病，莫能兴①。子路愠②见曰：「君子亦有穷乎？」子曰：「君子固穷③，小人穷斯④滥⑤矣。」

注释

①兴：起来。②愠（yùn）：怨恨，恼怒。③固穷：固守穷困，安贫守道。④斯：于是，就。⑤滥：乱，泛滥。

译文

孔子一行在陈国断了粮食，随从的人有的都饿病了，几乎没有人能爬得起来。子路很不高兴地来见孔子，说道：「君子也有穷得毫无办法的时候吗？」孔子说：「君子虽然穷困，但还是安贫守道坚持贞节；小人一遇到穷困就会胡作非为了。」

原文

（十五·二十四）

（六十六）子贡问曰：『有一言①而可以终身行之者乎？』子曰：『其「恕②」乎！己所不欲，勿施③于人。』

注释

①一言：汉语的一个字也叫一言。

②恕：宽恕。

③施：给予，施加。

译文

子贡问道：『有没有一个字可以终身奉行的呢？』孔子回答道：『那就是「恕」吧！自己不想要的，也不要强加给别人。』

原文

（十四·三十五）

（六十七）子曰：『莫我知①也夫！』子贡曰：『何为其莫知子也？』子曰：『不怨天，不尤②人，下学③而上达④。知我者其天乎！』

注释

①莫我知：没人了解我。 ②尤：责怪。

③下学：学习一些平常的知识。

④上达：通晓高深的道理。

译文

孔子叹道：『怕是没有人能了解我了吧！』子贡道：『为什么没有人了解您呢？』孔子道：『不怨恨上天，不责备他人，学习一些平常的知识，却透彻地悟到高深的道理。了解我的，只有天吧！』

原文

（十六·十）

（六十八）孔子曰：『君子有九思：视思明，听思聪①，色②思温，貌思恭，言思忠，事思敬，疑思问，忿思难③，见得思义。』

注释

①聪：听得清楚。 ②色：表情，神态。 ③难：灾难，后患。

译文

孔子说：『君子的行为要有九种考虑：看的时候，考虑是否看明白了；听的时候，考虑是否听清楚了；脸上的表情，考虑是否温和儒雅；举止容貌，考虑是否端庄恭敬；言语谈吐，考虑是否忠信老实；做事态度，考虑是否认真敬业；遇到疑问，考虑如何向人请教；生气的时候，考虑行为是否有什么后患；见到自己要得到的，要考虑是否符合道义。』

原文

（十七·二）

（六十九）子曰：『性①相近也，习②相远也。』

注释

①性：人的本性。

②习：学习、教育。

译文

孔子说：『人的先大本性是相似的，但由于学习、教育等后天影响，相互之间才有了大的差距。』

原文

（十六·七）

（七十）孔子曰：『君子有三戒①：少之时，血气②未定，戒之在色；及其壮③也，血气方刚④，戒之在斗；及其老也，血气既衰，戒之在得⑤。』

注释

①戒：警惕戒备。②血气：感情，精力。

③壮：壮年，年满三十。④方刚：正刚强，正旺盛。

⑤得：指贪求名利。

译文

孔子说：『君子一生有三种事情应警惕戒备：年少时正处在发育期，血气还没有稳定，要戒除对女色的迷恋；到了壮年的时候，血气方刚，要戒除与人争斗；等到老年，血气已经衰弱，要戒除贪求名利。』

原文

（十五·二十七）

（七十一）子曰：『巧言乱德。小不忍①则乱②大谋③。』

注释

①忍：也有人解释为『忍心』，实际上解释为『忍耐』更通情理些。

②乱：扰乱，败坏。

③谋：图谋，谋略。

译文

孔子说：『花言巧语会败坏人的德行。在小的事情上不能忍耐，往往就会败坏重大谋略的实施。』

原文

（七十二）子贡问：“师与商①也孰贤？”子曰：“师也过②，商也不及③。”曰：“然则师愈④与？”子曰：“过犹不及。”（十一·十六）

注释

①师与商：师，姓颛（zhuān）孙，名师，即子张。商，姓卜，名商，即子夏。

②过：过分。

③不及：不足，达不到，不到位，过于谨守。

④愈：胜过，更好。

译文

子贡问孔子：“子张和子夏两人谁更好一些呢？”孔子回答说：“子张有些过分，子夏有些不足。”子贡说：“那么是子张好一些吗？”孔子说：“做得过分和做得不够都不好。”

原文

(十三·二十六)

(七十三) 子曰：『君子泰[1]而不骄[2]，小人骄而不泰。』

注释

①泰：安详平和。

②骄：骄横不逊。

译文

孔子说：『君子安详平和而不骄横，小人骄横不逊而难以平和安详。』

原文

（二·二）

（七十四）子曰：『《诗》三百①，一言②以蔽③之，曰：「思无邪④」。』

注释

①《诗》三百：《诗》，指《诗经》，此书实有三〇五篇，『三百』取其整数。

②一言：此为一句话的意思。

③蔽：概括。

④思无邪：思想纯正无杂念。

译文

孔子说：『《诗》三百篇，可以用一句话来概括它，就是「思想纯正无杂念」。』

原文

（三·二十）

（七十五）子曰：『《关雎》①，乐②而不淫③，哀④而不伤⑤。』

注释

①《关雎》：这是《诗经》的第一篇，写一位君子追求一位淑女过程中的忧思与欢乐。

②乐：快乐。

③淫：放荡。

④哀：悲哀。

⑤伤：伤感。

译文

孔子说：『《关雎》这篇诗，能使人快乐却不放荡，使人悲哀却不伤感。』

原文

（三·二十五）

（七十六）子谓①《韶》②：『尽美③矣，又尽善④也。』谓《武》⑤：『尽美矣，未尽善也。』

注释

①谓：说到。 ②《韶》：相传是古代歌颂虞舜的一种乐舞。

③美：指乐曲的音调、舞蹈的形式之盛美。 ④善：指乐舞的思想内容之美。

⑤《武》：相传是歌颂周武王的一种乐舞。

译文

孔子讲到《韶》这一种乐舞时说：『艺术形式美极了，内容也非常好。』谈到《武》这一种乐舞时说：『艺术形式很美，但内容却差一些。』

原文

（六·二十三）

（七十七）子曰：『知①者乐②水，仁者乐山；知者动，仁者静；知者乐，仁者寿③。』

注释

①知：通『智』，聪明。

②乐（lè）：喜爱。古文在译为『喜爱』时，『乐』读 yào。

③寿：长寿。

译文

孔子说：『聪明的人喜爱水，有仁德的人喜爱山；聪明的人活跃，有仁德的人沉静；聪明的人快乐，有仁德的人长寿。』

原文

（一·一）

（七十八）子曰：『人①不知②而不愠③，不亦君子乎？』

注释

①人：人家，别人。

②知：知道，了解。

③愠：恼怒，怨恨。

译文

孔子说：『不被别人了解也不怨恨、不恼怒，不也是君子的涵养吗？』

原文

（一·十六）

（七十九）子曰：『不患①人②之不己知③，患不知人也。』

注释

①患：忧虑，担心。

②人：别人。

③不己知：即『不知己』的倒装。知，了解、理解。

译文

孔子说：『不怕别人不了解自己，只担心自己学识不足，对别人理解不够啊。』

原文

（二·十三）

（八十）子贡问君子。子曰：『先行①其言②而后从③之。』

注释

①先行：先实行、实践。

②其言：心中要表达的观点、言论。

③从：跟从。指先行而后言。

译文

子贡问怎样才能成为君子。孔子说：『先实践了你心中要说的言论，而后再把你所主张的观点说出来，能先行而后言，这就算是一个君子了。』

原文

（八十二）（八·四）

曾子有疾，孟敬子①问②之。曾子言曰：『鸟之将死，其鸣也哀；人之将死，其言也善。君子所贵乎道③者三：动容貌④，斯远暴慢⑤矣；正颜色⑥，斯近信矣；出辞气⑦，斯远鄙倍⑧矣。』

注释

①孟敬子：鲁国大夫仲孙捷。

②问：探望，慰问。

③贵乎道：看重的原则。

④动容貌：使自己的面容虔诚感人。

⑤远暴慢：远离别人的粗暴和怠慢。

⑥正颜色：使自己的脸色庄重严肃。

⑦出辞气：指注意说话的言辞和口气。

⑧鄙倍：鄙，粗野。倍，通『背』，背理，不讲道理。

译文

曾子病了，孟敬子去看望他。曾子对他说：『鸟将要死的时候，它的叫声是悲哀的；人快死的时候，他说的话是善意的。君子在处事待人方面有三个问题应该重视：使自己的容貌真诚感人，这样就可以让人信服；使自己的脸色庄重，这样就可以避免别人的粗暴、怠慢；使自己说话的言辞和语气谨慎谦和，这样可以避免别人的粗野和不讲道理。』

原文

（十四·十）

（八十二）子曰：『贫而无怨①难，富而无骄②易。』

注释

①怨：怨愤。

②骄：骄傲，盛气凌人。

译文

孔子说：『贫穷却不怨恨很难做到，富有而不骄傲是很容易做到的。』

原文

（四·二十二）

（八十三）子曰：『古者①言②之不出，耻③躬④之不逮⑤也。』

注释

①古者：古代的君子、有识之士。

②言：言谈，言论。也指发表的议论、观点。

③耻：意动用法，以……为耻。

④躬：自身，亲自去做。

⑤逮：达到，实现。

译文

孔子说：『古代的君子不把自己所主张的言论轻易说出口，认为话先说出去自己却没做到是可耻的。』

原文

（十三·二十五）

（八十四）子曰：『君子易事①而难说②也：说之不以道，不说也。及其使人③也，器之④。小人难事而易说也：说之虽不以道，说也。及其使人也，求备⑤焉。』

注释

①易事：易，容易。事，处事。易事，即容易处事。②说：通『悦』。此处有取悦的意思。③使人：任用人。④器之：量才使用他。⑤求备：求全责备。

译文

孔子说：『与君子处事容易，但很难取悦于他，不按正道地去讨他欢心，他是不会喜欢的。但到他用人时，他却是量才合理安排。与小人做事难，却容易讨得他喜欢，不按正道地讨好他，他也很喜欢。但等他用人时，却是求全责备。』

原文

（六·十一）

（八十五）子曰：『贤①哉，回也！一箪②食，一瓢饮，在陋巷，人不堪③其忧，回也不改其乐。贤哉，回也！』

注释

①贤：具有贤良、高尚的品格。 ②箪（dān）：古代盛饭的竹器，类似小圆筐。

③堪：能忍受。

译文

孔子说：『颜回的品质是多么贤良啊！一竹筐饭，一瓢水，住在简陋的巷子里，别人都忍受不了这种清苦和忧愁，颜回却没有改变他的自得之乐。颜回的品质是何等的贤良啊！』

原文

（十七·十二）

（八十六）子曰：『色厉①而内荏②，譬③诸④小人，其犹穿窬⑤之盗也与！』

注释

①色厉：色，外表。厉，威严。 ②荏：虚弱。

③譬：比方，比喻。 ④诸：之于。

⑤窬（yú）：墙，此指墙洞。

译文

孔子说：『外表严厉而内心虚弱，用小人来打个比方，大概就像挖洞穿墙的盗贼吧！』

孝悌篇

原文

（四·二十一）

（八十七）子曰：『父母之年①，不可不知②也。一则③以④喜，一则以惧。』

注释

①年：年龄。

②知：知道，此为谨记在心。

③一则：一方面。

④以：因。

译文

孔子说：『父母的年纪不能不时时谨记在心。一方面因其高寿而欢喜，另一方面又因其高寿而有所担心。』

原文

（八十八）子曰：『弟子①入②则孝，出③则悌，谨而信，泛爱众，而亲仁④。行有余力⑤，则以学文⑥。』（一·六）

注释

①弟子：一般指学生，也指年纪较小的为人弟和为人子的人。此指后者。
②入：在家时。③出：与『入』相对而言，指出门在外。
④仁：仁人，有仁德之人。⑤余力：剩余的精力。
⑥文：古代文献，主要是指《诗》《书》《礼》《乐》等。

译文

孔子说：『年轻人在家要孝顺父母，出门在外要友爱待人，言行要谨慎讲信用，广泛地爱护周围的人，亲近有仁德的人。这些都做好了，其余的精力就去学习各种文化知识。』

原文

（四·十九）

（八十九）子曰：『父母在①，不远游②。游必有方③。』

注释

①在：在世。

②游：指游学、游宦、经商等外出活动。

③方：明确的地方。

译文

孔子说：『父母在世，不要远离家乡，免得父母挂念，如果不得已要出远门，也必须明确要去的地方。』

原文

（一·九）

（九十）曾子曰：『慎终①追远②，民德③归厚④矣。』

注释

①终：人死为终。这里指父母去世。

②追远：追，追悼。远，指祖先。

③民德：民风，习气。

④厚：淳厚，朴实。

译文

曾子说：『慎重认真地对待父母的丧事，虔诚地祭奠自己的祖先，民风自然就会越来越淳厚、朴实。』

原文

（四·十八）

（九十一）子曰：『事①父母几②谏，见志不从③，又④敬不违⑤，劳⑥而不怨。』

注释

①事：侍奉。②几（jī）：轻微，婉转。

③从：听从，采纳。④又：继续，仍然。

⑤违：冒犯。⑥劳：辛劳。

译文

孔子说：『侍奉父母，如果他们做得有不对的地方，要轻微婉转地劝止；看到自己的意见没有被采纳，要继续恭恭敬敬，不能冒犯他们，要继续辛劳侍奉而不埋怨。』

原文

（二·八）

（九十二）子夏问孝。子曰：『色难①。有事，弟子②服其劳；有酒食，先生③馔④，曾⑤是以为孝乎？』

注释

①色难：指儿子经常和颜悦色地侍奉父母是不容易的事。

②弟子：指年幼者。 ③先生：年长者。 ④馔：饭食，此为吃喝享用。

⑤曾（céng）：竟，难道。

译文

子夏请教孝道。孔子说：『儿子经常和颜悦色地侍奉父母，并不容易做到。有事情年轻人出力，有酒有菜让年长的人先享用，难道仅仅这样就可以算是孝吗？』

原文

（一·二）

（九十三）有子①曰：『其为人也孝弟②，而好犯③上者，鲜④矣；不好犯上，而好作乱者，未之有也。君子务本⑤，本立而道⑥生。孝弟也者，其为仁之本与⑦！』

注释

①有子：姓有，名若，孔子的学生。　②孝弟：孝，孝顺父母。弟，通『悌』，指弟弟敬爱兄长。　③犯：冒犯。　④鲜（xiǎn）：少的意思。　⑤务本：务，专心、致力于。本，根本。此指孔子和儒家特别倡导的基本道德规范，即孝悌。　⑥道：孔子提倡的仁道，即治国做人的基本原则。　⑦与：通『欤』，语气词，可以译为『啊』。

译文

有子说：『孝顺父母、敬爱兄长的人，却喜欢冒犯长辈和上级是很少见的；不喜欢冒犯长辈和上级，却喜欢造反作乱的人是从来没有过的。君子专心致力于根本的事情，只要根本建立了，治国做人的原则也就有了。孝顺父母、敬爱兄长，这就是仁的根本啊！』

原文

（一·十一）

（九十四）子曰：『父在，观其①志；父没②，观其行③。三年④无改于父之道⑤，可谓孝矣。』

注释

①其：他的，指儿子。

②没（mò）：通『殁』，死去。与『在』相对。

③行：行为举止。

④三年：这里泛指多年。

⑤道：此指父亲在世时所奉行的良好行为准则、道德规范等。

译文

孔子说：『（看一个人）当他的父亲在世时，要观察他的志向；在他的父亲死后，要观察他的行为。若是他多年都不改变父亲所坚持的良好道德规范，这样的人就可以称为孝子了。』

原文

（十九·十八）

（九十五）曾子曰：『吾闻诸①夫子②，孟庄子③之孝④也，其他可能也；其不改父之臣与父之政，是难能也。』

注释

①诸：之于。

②夫子：老师，指孔子。

③孟庄子：鲁国大夫孟孙速，庄是其谥号。

④孝：孝行。

译文

曾子说：『我在老师那里听说过，孟庄子的孝行，其他方面别人也可以做到，但他不改变父亲任用的人和实行的政策，这是别人难以做到的。』

原文

（二·六）

（九十六）孟武伯①问孝②。子曰：『父母唯其③疾之忧。』

注释

①孟武伯：孟懿子的儿子，名彘。武是他的谥号。

②孝：孝道，行孝之道。

③其：指示代词，代指孝子的。

译文

孟武伯向孔子请教孝道。孔子说：『父母只担忧子女生病。』

原文

（二·七）

（九十七）子游①问孝。子曰：『今之孝者，是谓能养②。至于③犬马，皆能有养。不敬，何以别乎？』

注释

①子游：姓言，名偃，字子游，孔子的学生。

②养：养活父母。

③至于：就连，就是，表示提到另外一件事。

译文

子游问什么是孝。孔子说：『现在的人所说的孝，就是指能够养活父母。就是犬马，人也能喂养它。如果不诚心孝敬父母，那么养活父母和饲养犬马又有什么区别呢？』

原文

（九十八）曾子有疾，召门弟子①曰：『启予足②！启予手！《诗》③云：「战战兢兢，如临深渊，如履薄冰。」而今而后，吾知免④夫！小子⑤！』

（八·三）

注释

①门弟子：古代称学生为弟子，再传弟子以下称门人。此处泛指学生。

②启予足：启，开启。此处是指曾子让学生掀开被子看他的手脚，因为古人认为，爱护父母给予自己的身体，是遵守孝道的一种方式。 ③《诗》：指《诗经》。

④免：指身体免于损伤。 ⑤小子：对弟子的亲切称呼。

译文

曾子病了，把他的学生召集到身边来，说道：『掀开被子看看我的脚！看看我的手！《诗》说：「小心谨慎呀，好像站在深渊旁边，好像行走在薄冰上面。」从今以后，我知道我的身体不会再受到损伤了，弟子们！』

原文

（十九·十七）

（九十九）曾子曰：『吾闻诸①夫子：人未有自致②者也，必也③亲丧乎！』

注释

①诸：之于。

②自致：自，自己、自动。致，尽情、极致。

③必也：如果有。

译文

曾子说：『我在老师那里听说过，人没有自动地尽情地抒发感情的时候，如果有，也一定是在父母去世的时候。』

原文

（十九·十四）

（一〇〇）子游①曰：『丧②致③乎④哀而止⑤。』

注释

①子游：姓言，名偃，字子游，孔子的学生。

②丧：守孝，服丧。

③致：尽情，达到极致。

④乎：动词后缀，作用跟『于』同。

⑤止：克制，停止。

译文

子游说：『居丧已尽情到悲哀之时就应有所克制。』

尊师篇

原文

（七·三十八）

（二〇一）子温而厉①，威②而不猛③，恭④而安⑤。

注释

①厉：严厉，严肃。

②威：有威仪。

③猛：凶猛。

④恭：庄重。

⑤安：安详。

译文

孔子温和而又严厉，有威仪而不凶猛，恭谨而又安详。

原文

（十四·二十八）

（一〇二）子曰：『君子道①者三，我无能焉：仁者不忧，知②者不惑，勇者不惧。』子贡曰：『夫子自道③也。』

注释

①道：道义。

②知：通『智』，聪明。

③自道：自我表述。

译文

孔子说：『君子之道有三个方面，我都未能做到：仁德的人不忧愁，聪明的人不迷惑，勇敢的人不畏惧。』子贡说：『以上所言正是老师美德的自我表述啊！』

原文

（十一·四）

（一〇三）子曰：『回①也非助我者也，于吾言②无所不说③。』

注释

①回：颜回，字子渊，孔子最得意的学生。

②于吾言：对于我所讲的，对于我的言论。

③说（yuè）：通『悦』，喜欢。

译文

孔子说：『颜回不是对我有所帮助的人，他对我所说的话没有不喜欢的。』

原文

（七·三十四）

（一〇四）子曰：『若圣与仁①，则吾岂敢？抑②为之不厌，诲人不倦，则可谓云③尔已矣。』公西华④曰：『正唯⑤弟子不能学也。』

注释

①圣与仁：圣人与仁人。
②抑：不过。
③云：古代的『云』与『雲』是两个字。此处的『云』是这样、如此的意思。
④公西华：姓公西，名赤，字子华。孔子的弟子，为人谦虚有礼。
⑤正唯：正是。

译文

孔子道：『如说到圣人和仁人，我怎么敢当？不过是学习和工作总不厌倦，教导别人总是不顾疲劳，就是如此罢了。』公西华道：『这些正是你的学生学不到的。』

原文

（七·七）

（一〇五）子曰：『自行①束脩②以上③，吾未尝④无诲⑤焉！』

注释

①自行：自动，主动。

②束脩（xiū）：束，十条。脩，脯，干肉。十条干肉是当时很微薄的拜师礼品。

③上：奉献。

④未尝：从来没有过。

⑤诲：教诲。

译文

孔子说：『只需礼节性地主动送一束拜师的干肉给我，我从没有不给予教诲的！』

原文

（七·三十五）

（二〇六）子疾病①，子路请祷②。子曰：『有诸③？』子路对曰：『有之。诔④曰：「祷尔于上下神祇⑤。」』子曰：『丘之祷久矣！』

注释

①疾病：疾，轻病。病，重病。二字连言，是重病。

②祷：向神祈求长寿。

③诸：『之乎』的合音。

④诔（lěi）：祈祷文。一种向鬼神祈祷的文体。

⑤上下神祇（qí）：上，天。下，地。祇，地神。即天神地祇。

译文

孔子病重，子路要向神灵祈求延长孔子的寿命，请求孔子同意。孔子道：『有这回事吗？』子路道：『有的。诔文上说：「替你向天神地祇祈祷求寿。」』孔子道：『我早就祈祷求过寿了。』

原文

（一·十）

（一〇七）子禽①问于子贡②曰：『夫子③至于是邦④也，必闻其政。求之与，抑⑤与之与？』子贡曰：『夫子温、良、恭、俭、让⑥以得之。夫子之求之也，其诸⑦异乎人之求之与！』

注释

①子禽：姓陈，名亢，字子禽，孔子的学生。　②子贡：姓端木，名赐，字子贡，孔子的学生。　③夫子：古代对男子的一种敬称，凡做过大夫的人均可尊称其为『夫子』。孔子曾担任过鲁国的司寇，所以他的学生们称他为『夫子』。后代指老师。　④邦：指当时的各诸侯国家。⑤抑：还是。　⑥温、良、恭、俭、让：温和、善良、恭敬、俭朴、谦让。这是孔子的弟子对孔子的赞誉。　⑦其诸：大概。

译文

子禽问子贡说：『老师每到一个国家，总是会了解这个国家的政事，这是他有心求人告诉他的，还是别人主动告诉他的呢？』子贡说：『老师是通过他温和、善良、恭敬、俭朴、谦让的品质而使得别人主动把政事告诉他的。他这种获知政事的方法，大概与别人求得的方法不相同吧！』

原文

（十九·二十二）

（一〇八）卫公孙朝①问于子贡曰：『仲尼②焉学？』子贡曰：『文武之道③，未坠于地，在人④。贤者识其大者，不贤者识其小者。莫不有文武之道焉。夫子焉不学？而亦何常⑤师之有？』

注释

①公孙朝：姓公孙，名朝，卫国的大夫。　②仲尼：孔子的字。

③文武之道：周文王、周武王的治国之道。孔子自以为是文武之道的承担者。

④人：指人间、民间。　⑤常：固定的。

译文

卫国的公孙朝问子贡说：『仲尼的学问是从哪里学来的？』子贡说：『周文王、周武王的治国安民之道，并没有失传，而是散落在民间。贤能的人了解它的根本，一般的人只了解它的末节，到处都有文武之道存在。我们老师何处不学？又何必要有固定的老师传授呢？』

原文

（二〇九）叔孙武叔①毁②仲尼。子贡曰：『无以为也！仲尼不可毁也。他人之贤者，丘陵也，犹可逾也；仲尼，日月也，无得而逾焉。人虽欲自绝，其何伤于日月乎？多见③其不知量也！』（十九·二十四）

注释

①叔孙武叔：鲁国大夫，名州仇。『武』是其谥号。

②毁：诋毁。

③多见（xiàn）：多，只是，只能，仅仅。见，通『现』，显现。

译文

叔孙武叔诋毁仲尼。子贡道：『不要这样做！仲尼是诋毁不了的。别的贤能之人，好比山丘，还可以越过去；仲尼，简直是太阳和月亮，是不可逾越的。一个人纵然要自绝于太阳和月亮，那对太阳和月亮又有什么损害呢？只能显现他的不自量力罢了。』

原文

（一一〇）叔孙武叔语大夫于朝曰：『子贡贤于仲尼。』（十九·二十三）

子服景伯①以告子贡。子贡曰：『譬之宫墙②，赐之墙也及③肩，窥见室家之好；夫子之墙数仞④，不得其门而入，不见宗庙之美，百官⑤之富。得其门者或寡矣。夫子之云，不亦宜乎！』

注释

①子服景伯：鲁国大夫，名何。②宫墙：围墙。③及：达到。

④仞：七尺。⑤官：取其本义为房舍。

译文

叔孙武叔在朝廷对官员们说：『子贡比他的老师仲尼强。』子服景伯便把这话告诉了子贡。子贡道：『好比围墙，我家的围墙只达到肩膀那么高，谁都可以探望到院内房屋的美好。我老师家的围墙却有好几丈高，找不到大门走进去，就看不到里面宗庙的雄伟、多种房舍的富丽堂皇。能够找到大门的人或许不多吧。那么，叔孙武叔他老人家这么说，不也是自然的吗？』

原文

（二一一）（十九·二十五）

陈子禽谓子贡曰：「子为恭也，仲尼岂贤于子乎？」子贡曰：「君子一言以为知①，一言以为不知，言不可不慎也。夫子之不可及也，犹天之不可阶而升②也。夫子之得邦家③者，所谓立之斯立，道④之斯行，绥⑤之斯来，动⑥之斯和。其生也荣，其死也哀。如之何其可及也？」

注释

①知：通「智」，聪明。
②阶而升：顺着阶梯爬上去。
③邦家：封国采（cài）邑。
④道：通「导」，引导。
⑤绥：安抚。
⑥动：动员。

译文

陈子禽对子贡说：「您太谦虚了，仲尼难道比您还强吗？」子贡道：「有身份的人可以因一句话表现出他的智慧，也可因一句话表现出他的无知，所以说话不可不谨慎。孔老夫子的不可超越，犹如青天是不可以用阶梯爬上去的。他老人家如果得封国而为诸侯，或者得采邑而为卿大夫，那正如大家所说的叫百姓安家立业，百姓自会人人能安家立业；一经引导，百姓自会前进；一经安抚，百姓自会从远方来归附；一经动员，百姓自会同心响应。他老人家在世活得荣光，去世后备受哀悼和推崇，我怎么能赶得上他呢？」

交友篇

原文

（四·二十五）

（一二二）子曰：『德①不孤②，必有邻③。』

注释

①德：有仁德的人。

②孤：孤单，孤立。

③邻：邻居。此处指有人亲近。

译文

孔子说：『有仁义道德的人是不会孤单的，一定会有很多志同道合的人来亲近他、追随他。』

原文

（一·一）

（一一三）子曰：『有朋[1]自[2]远方来，不亦[3]乐[4]乎？』

注释

①朋：朋友，志同道合者，也包含弟子、学生。

②自：从。

③亦：也。

④乐：快乐。

译文

孔子说：『有朋友从很远的地方来拜访，不也是一件非常令人快乐的事情吗？』

原文

（五·十七）

（一一四）子曰：『晏平仲①善与人交②，久而敬之③。』

注释

①晏平仲：姓晏，名婴，字仲，齐国的贤大夫，『平』是其谥号。

②交：交友，交往。

③敬之：敬重他。

译文

孔子说：『晏平仲善于和人交往，而且相处越久，别人越敬重他。』

原文

（十二·二十四）

（二一五）曾子曰：『君子以文①会友②，以友辅③仁。』

注释

①文：指《诗》《书》《礼》《乐》等古典文化。

②会友：结交朋友。

③辅：帮助。

译文

曾子说：『君子以研讨《诗》《书》《礼》《乐》等古典文化来结交朋友，依靠朋友互相帮助指导来培养仁德。』

原文

（十六·四）

（一一六）孔子曰：『益者①三友，损者②三友。友直，友谅③，友多闻④，益矣。友便辟⑤，友善柔⑥，友便佞⑦，损矣。』

注释

①益者：有益的。②损者：有害的。③谅：诚信。

④多闻：见多识广，见闻广博。⑤便（pián）辟：巧言善辩。

⑥善柔：善于当面恭维，背后诽谤。⑦便佞（nìng）：惯于花言巧语。

译文

孔子说：『有益的朋友有三种，有害的朋友也有三种。同正直的人交朋友，同诚信的人交朋友，同见闻博识的人交朋友，这是有益的。同巧言善辩的人交朋友，同善于阿谀多变的人交朋友，同惯于花言巧语的人交朋友，这是有害的。』

原文

（二七）子曰：『人而①无信②，不知其可③也。大车④无輗⑤，小车⑥无軏⑦，其何以行之哉？』（二·二十二）

注释

①而：连词。有『如果』或『却』的意思。
②信：信用，信誉。
③可：表疑问，表示可以干什么、如何干的意思。
④大车：古代称牛拉的车为大车。
⑤輗（ní）：古代大车车辕和横木两端相衔接的活销。
⑥小车：古代称用马拉的车为小车。
⑦軏（yuè）：置于小车车辕前端与车横木衔接处的销钉。

译文

孔子说：『一个人如果不讲信用，真不知道他将如何为人处世。就好像大车没有了车辕横柱輗，小车没有了辕具軏一样，车子如何能行走呢？』

原文

（十五·八）

（二一八）子曰：『可与言而不与之言，失人①；不可与言而与之言，失言②。知③者不失人，亦不失言。』

注释

①失人：失去朋友，失去结识朋友或人才的机会。

②失言：说了错话。失，过失。

③知：通『智』，智慧，聪明。

译文

孔子说：『应该同他谈话，却不与他谈，这就会失掉朋友和人才；不可以同他谈话，却与他谈，这就是说错了话。有智慧的人既不失去朋友和人才，也不会因与不该交谈的人交谈而说错话。』

原文

（十二·五）

（一二九）司马牛忧曰：『人皆有兄弟，我独亡①。』子夏曰：『商②闻之矣：死生有命，富贵在天。君子敬而无失③，与人恭而有礼。四海之内④，皆兄弟也。君子何患乎无兄弟也？』

注释

①亡：通『无』，没有，缺少。

②商：子夏的名。译为『我』。

③失：过失，差错。

④四海之内：全国之内，普天之下。

译文

司马牛忧伤地说：『别人都有兄弟，唯独我没有。』子夏说：『我听说过：死与生是命中注定的，富贵则由天安排。君子做事只要严肃敬业而不出差错，对人恭敬而合乎礼仪，那么天下人就都是自己的兄弟了。君子何愁没有兄弟呢？』

原文

（一二〇）子贡问友①。子曰：“忠告而善道②之，不可③则止，毋④自辱也。”（十二·二十三）

注释

①友：此指交友、待友。

②道：通“导”，引导、开导。

③可：采纳，听劝。

④毋（wú）：别，不要。

译文

子贡问怎样对待朋友。孔子说：“忠诚地劝告他，耐心地引导他，如果不听也就罢了，不要自取其辱。”

原文

（十五·二十八）

（一二二）子曰：『众恶①之，必察②焉③；众好④之，必察焉。』

注释

①恶（wù）：厌恶。

②察：考察。

③焉：此处作语气词。

④好：喜欢。

译文

孔子说：『大家都厌恶的人，我必须考察一下；大家都喜欢的人，我也一定要考察一下。』

原文

（十二·八）

（一二三）**棘子成①曰：『君子质而已矣，何以文为？』子贡曰：『惜乎，夫子之说君子也！驷②不及舌③。文犹质也，质犹文也。虎豹之鞟④犹犬羊之鞟。』**

注释

①棘子成：卫国大夫。

②驷：驷马，同拉一车的四匹马，也指四匹马拉的车。

③舌：此指说出的话。

④鞟（kuò）：去掉毛的皮革。

译文

棘子成说：『君子只要本质好就可以了，何必要那些表面的仪式呢？』子贡说：『真感到遗憾，夫子您怎么这样说君子！一言既出，驷马难追。本质犹如文采，文采犹如本质，去了毛的虎豹皮与去了毛的犬羊皮就没有区别。』

原文

（十五·四十）

（一二三）子曰：『道①不同，不相②为谋③。』

注释

①道：思想观念，人生志向。

②相：相互、辅助，这里应理解为相互。

③谋：商讨，谋划重大事情。

译文

孔子说：『志向、主张不同的人，不能相互谋划重大事情。』

原文

（十三·二十四）

（一二四）子贡问曰：『乡人①皆好②之，何如③？』子曰：『未可也。』『乡人皆恶④之，何如？』子曰：『未可也。不如乡人之善者好之，其不善者恶之。』

注释

①乡人：乡里人。　②好（hào）：喜欢。

③何如：如何，怎么样。　④恶（wù）：厌恶。

译文

子贡问道：『乡里人都喜欢他，这个人怎么样？』孔子道：『不能定论。』子贡又道：『乡里人都厌恶他，这个人怎么样？』孔子道：『也不能定论。倒不如一乡的好人都喜欢他，一乡的坏人都厌恶他。』

原文

（十七·二十五）

二五 子曰：『唯女子①与小人②为难养③也。近之则不孙④，远之则怨⑤。』

注释

①女子：此指那种无知的女人。

②小人：人格卑劣的人。

③养：此为相处的意思。

④孙：同『逊』，恭顺，谦恭。

⑤怨：怨恨，抱怨。

译文

孔子说：『只有那种无知的女人和卑劣的小人是最难相处的。亲近他们，他们就会无礼；疏远他们，他们就会抱怨。』

原文

（一二六）**朋友①死，无所归②，曰：『于③我殡④。』**（十·二十二）

注释

①朋友：指与孔子志同道合的人。

②归：归置。此处为殓埋的意思。

③于：由。

④殡：停放灵柩和埋葬都可以叫殡，这里泛指办理丧葬事务。

译文

朋友去世了，没有人治丧殓埋，孔子说：『丧事由我来办理吧。』

君臣篇

原文

（三·十九）

（一二七）定公①问：『君使②臣，臣事③君，如之何？』孔子对曰：『君使臣以礼，臣事君以忠。』

注释

①定公：姓姬，名宋，鲁国国君，『定』是其谥号。

②使：使唤，任用。

③事：侍奉。

译文

鲁定公问孔子：『君主任用臣子，臣子侍奉君主，应当怎样做呢？』孔子回答说：『君主任用臣子待之以礼，臣子就会以忠心来侍奉君主。』

原文

（一二八）子路问事君①。子曰：『勿欺②也，而③犯④之。』

（十四·二十二）

注释

①事君：侍奉君主。

②勿欺：不能欺骗。

③而：连词，连接词义相反的成分，表转折，译为『但』。

④犯：冒犯。指敢进言直谏。

译文

子路问怎样侍奉君主。孔子说：『不能欺骗他，但可以当面实话实说，直言规谏他。』

原文

(三·十八)

（一二九）子曰：『事君尽礼①，人以为谄②也。』

注释

①尽礼：尽到做臣子应做的礼仪。

②谄（chǎn）：以卑贱的态度向人讨好谄媚。

译文

孔子说：『服侍君主，一切应依照做臣子的礼仪严谨行事，但不懂礼仪的人却以为他在谄媚讨好呢。』

原文

（二三〇）（十二·十一）

齐景公①问政于孔子。孔子对曰："君君，臣臣，父父，子子。"公曰："善哉！信如②君不君，臣不臣，父不父，子不子，虽有粟③，吾得④而食诸⑤？"

注释

①齐景公：姓姜，名杵臼，春秋时齐国国君。

②信如：诚如。

③粟：小米，此处泛指粮食。

④得：能。

⑤诸："之乎"的合音。

译文

齐景公问孔子如何治理国家。孔子回答说："君主要有君主的样子，臣子要有臣子的样子，父亲要有父亲的样子，儿子要有儿子的样子。"齐景公说："讲得好呀！如果君不像君，臣不像臣，父不像父，子不像子，虽然有粮食，我能吃得上吗？"

原文

（一三一）子曰：『无为而治①者，其舜也与！夫②何为哉？恭己③正南面④而已⑤矣。』

（十五·五）

注释

①无为而治：国家的统治者应任贤分职顺其自然，不必亲自作为便可以天下太平。

②夫：代词，他。

③恭己：端正自身，指谨慎地修养自身。

④正南面：坐北面朝南，指坐朝听政。

⑤而已：罢了。

译文

孔子说：『能够顺其自然无所烦劳地实现天下大治的人，大概只有舜吧！他做了些什么呢？修养自身，端正地坐朝听政罢了。』

原文

（二十·一）

（一三二）尧①曰：『咨②！尔舜！天之历数③在尔躬④，允⑤执其中。四海困穷，天禄永终。』舜亦以命禹。

注释

①尧：传说中的一位圣君，禅位给舜。②咨：即『啧啧』，感叹词，表示赞誉。

③历数：日月星辰运行之法，此处指命运。④尔躬：你的身上。

⑤允：真诚、公正地执行正确原则。

译文

尧说：『好啊，你这个舜！天降大任已经落在你的身上了，诚实公正地保持那中正之道吧！假如天下百姓都陷于困苦和贫穷，上天赐给你的禄位也就会永远终止了。』舜也这样告诫禹。

忠义篇

原文

（八·六）

（一三三）曾子曰：『可以托六尺之孤①，可以寄百里之命②，临大节而不可夺③也——君子人与④？君子人也！』

注释

①托六尺之孤：孤，指死去父亲或父母双亡的小孩儿。六尺，指十五岁以下的人，古人以七尺指成年。托孤，指受君主临终前的嘱托辅佐幼君。

②寄百里之命：寄，寄托，委任。百里之命，指掌握国家政权和命运。

③夺：动摇。　　④与：通『欤』，表语气。

译文

曾子说：『可以把幼年的君主托付给他，可以把国家政权大任托付给他，面临重大考验坚守气节而不动摇——这样的人是君子吗？这样的人肯定是君子啊！』

原文

（十五·十八）

（一三四）子曰：『君子义以为质①，礼以②行之，孙③以行之，信以成之。君子哉！』

注释

①质：根本。

②礼以：以礼，用礼仪。

③孙：通『逊』，谦虚。

译文

孔子说：『君子把道义作为根本，用礼仪加以推行，用谦逊的言行来传播，用诚恳的态度来成就理想和事业。这就是君子啊！』

原文

（八·七）

（一三五）曾子曰：『士①不可以不弘毅②，任重而道远。仁以为己任，不亦重乎？死而后已，不亦远乎？』

注释

①士：读书人。

②弘毅：弘，广大。毅，刚毅，意志坚强。

译文

曾子说：『读书人不可以没有宽广的心胸、坚强的意志，因为他们肩负的责任重大，道路遥远。把实现天下的仁德作为自己的责任，这难道不重大吗？努力到死才停止，难道路途还不遥远吗？』

原文

（一三六）子曰：『朝闻道①，夕②死可矣！』（四·八）

注释

①朝（zhāo）闻道：朝，早晨。闻，听到，得到。道，真理，道义。

②夕：晚上。

译文

孔子说：『早晨得到了真理，要我晚上死去都可以。』

原文

（九·二十六）

（一三七）子曰：『三军①可夺帅②也，匹夫③不可夺志④也。』

注释

①三军：上军，中军，下军，指全国军队。

②夺帅：失去主帅。将帅夺而取之。

③匹夫：普通百姓，指男子。

④夺志：强迫放弃志向。

译文

孔子说：『一国军队的主帅是可以被取而代之的，但一个真正的男子汉是不能被强迫改变志向、放弃理想的。』

原文

（十九·一）

（二三八）子张曰：『士①见危致②命，见得③思义，祭思敬，丧思哀，其可已矣。』

注释

①士：士人，一般指读书人、有德有识之人。

②致：给予，献出。

③得：有利可得，有所得。

译文

子张说：『士人在国家遇到危险时能为之献出自己的生命，遇到有利可得时会考虑是否符合道义，祭祀时能想到是否严肃恭敬，居丧的时候能想到内心是否真正悲痛哀伤，能这样做就可以了。』

原文

（二三九）（十八·一）

微子①去之②，箕子③为之奴，比干④谏而死。孔子曰：『殷有三仁焉。』

注释

①微子：殷纣王的同母兄长，见纣王无道，劝谏不听，遂离开纣王。

②去之：去，离开。之，代词，代纣王。

③箕（jī）子：殷纣王的叔父。他去劝谏纣王，其不听，便披发装疯，被降为奴隶。

④比干：殷纣王的叔父，因屡次强谏，激怒纣王而被杀。

译文

（纣王昏乱残暴）微子离开了纣王，箕子做了他的奴隶，比干被他杀死了。孔子惋惜地说：『这是殷朝的三位仁人志士啊！』

原文

（八·十三）

（一四〇）子曰：『笃①信好学，守死②善道③。危邦不入，乱邦不居。天下有道则见④，无道则隐。邦有道，贫且贱焉，耻也；邦无道，富且贵焉，耻也。』

注释

①笃：坚定。　②守死：誓死坚守。

③善道：正确的学说，引申为真理。

④见：通『现』，出现，显露。

译文

孔子说：『坚定信念并努力学习，誓死守卫治国与为人的真理。不进入政局不稳的国家，不居住在动乱的国家。天下太平就出来做官，天下混乱就隐居不出。国家政治清明而自己贫贱不能上进，这是耻辱；国家政治黑暗而自己富贵，这也是可耻的。』

原文

（十三·二十三）

（一四一）子曰：『君子和①而不同②，小人同而不和。』

注释

①和：和谐。彼此和谐地配合叫作和。

②同：此处为苟同的意思。

译文

孔子说：『君子讲求团结和谐而不为私利拉帮结派，小人只会结党营私，钩心斗角，算计他人。』

原文

（八·一）

（一四二）子曰：『泰伯①，其可谓至德②也已矣。三以天下让③，民无得④而称焉。』

注释

①泰伯：周代始祖古公亶父的长子，亦作『太伯』。

②至德：最高尚的道德。

③三以天下让：指泰伯屡次把王位让给贤者。

④无得：不能。此处意为找不到合适的词语。

译文

孔子说：『泰伯可以说是品德最高尚的人啊！他屡次把王位让给贤者，天下终归统一，老百姓都难以找到合适的词语来称赞他。』

原文

（十二·十六）

（一四三）子曰：『君子成①人之美②，不成人之恶③。小人反是④。』

注释

①成：成全，促成。

②美：善，好事。

③恶：坏事。

④反是：相反。

译文

孔子说：『君子成全别人的好事，而不助长别人干坏事。小人则与此相反。』

原文

（四·十六）

（一四四）子曰：『君子喻①于义②，小人③喻于利④。』

注释

①君子喻：君子，人格高尚的人。喻，知晓，明白。

②义：道义，仁义。

③小人：人品卑下的人。

④利：利益，此为谋私利的意思。

译文

孔子说：『君子懂得的是发扬道义，小人知道的只是谋取私利。』

原文

（七·十六）

（一四五）子曰：『饭疏食①饮水②，曲肱③而枕之，乐亦在其中矣。不义而富且贵，于我如浮云。』

注释

①饭疏食：吃粗粮。饭，这里用作动词，指吃饭。疏食，粗粮。

②水：古代汤、水不同义，汤指热水，水一般指冷水。

③曲肱：弯着胳膊。肱，胳膊。

译文

孔子说：『吃粗粮，喝冷水，弯着胳膊当枕头，苦中之乐也就在这中间了。那些用不正当手段得来的财富和尊贵，对于我来讲就像是天上的浮云一样。』

为政篇

原文

（十二·十七）

（二四六）季康子①问政于孔子。孔子对曰：『政者，正②也。子帅③以正，孰敢不正！』

注释

①季康子：季孙肥，任鲁国正卿。『康』为其谥号。

②正：公正。

③帅：带领。

译文

季康子问孔子如何治理国家。孔子回答说：『政，就是公正的意思。您本人做表率，端正自身走正路，那么还有谁敢不走正路呢！』

原文

（二·一）

（一四七）子曰：『为政以德①，譬如北辰②，居其所③而众星共④之。』

注释

①为政以德：以，用。孔子主张执政者应以仁德进行统治，即『德治』。

②北辰：北极星。

③所：处所，位置。

④共（gǒng）：通『拱』，环绕的意思。

译文

孔子说：『执政者以仁德教化来治理政事，就会像北极星那样，安居于自己的位置，而群星都会环绕在它的周围。』

原文

（二·十八）

（一四八）子张①学干禄②。子曰：『多闻阙③疑，慎言其余，则寡尤④；多见阙殆⑤，慎行其余，则寡悔。言寡尤，行寡悔，禄在其中矣！』

注释

①子张：姓颛孙，名师，字子张，孔子的学生。

②干（gān）禄：干，追求，求取。禄，俸禄。干禄就是求取官职。

③阙：通『缺』，保留的意思。

④寡尤：寡，少。尤，过失，错误。

⑤阙殆：存疑。

译文

子张向孔子请教如何做官。孔子说：『多听听，对拿不准的问题不要轻易发言表态，对于确信的事情在表达时也需要谨慎，这样就可以少犯错；多看看，对不理解的地方存疑暂缓行动，对理解的事情在实施时也要谨慎处理，这样就能够减少后悔。说话少犯错，做事少后悔，做官的秘诀就在这里边了。』

原文

（十四·二十七）

（一四九）子曰：『君子耻①其言而②过③其行④。』

注释

①耻：前动结构，译为『以……为耻』。

②而：用法同『之』。

③过：超过。

④行：行动。

译文

孔子说：『君子以自己说得多而做得到的少为耻。』

原文

（十三·一）

（二五〇）子路问政①。子曰：『先之②，劳之③。』请益④。曰：『无倦⑤。』

注释

①政：管理政事。

②先之：做在老百姓之前起表率作用。之，指老百姓。

③劳之：辛劳地为民办事。

④益：增加，多讲一些。

⑤无倦：不倦怠，不松懈。

译文

子路问怎样管理政事。孔子说：『以身作则，要求别人做的，自己先做在老百姓之前，辛劳地为老百姓办事。』子路请求多讲一点。孔子说：『永远不要懈怠。』

原文

（十三·六）

（一五一）子曰：『其身正①，不令而行②；其身不正，虽令不从③。』

注释

①正：人品、行为端正。

②行：行动。

③从：服从。

译文

孔子说：『当权者自身行为端正，即使不发布行动命令，老百姓也会去做；当权者自身行为不端正，即使发布命令，老百姓也不会服从。』

原文

（二五二）（二·二十）

季康子①问：『使民敬、忠以②劝③，如之何？』子曰：『临④之以庄，则敬；孝慈，则忠；举善而教不能⑤，则劝。』

注释

①季康子：姓季孙，名肥，鲁哀公时任正卿。『康』为其谥号。

②以：连词，与『而』同。

③劝：勉励。这里是自勉努力的意思。

④临：对待。

⑤不能：能力差。

译文

季康子问道：『要使老百姓对当政的人尊敬、忠诚而且勤勉，我该怎样去做呢？』孔子说：『你用庄重的态度对待老百姓，他们就会尊敬你；你对父母孝顺、对子弟慈祥，百姓就会忠于你；你提拔任用正直善良的人，又教育帮助能力差的人，百姓就会互相勉励，加倍努力了。』

原文

（二十·三）

子张问于孔子曰：『何如斯①可以从政矣？』子曰：『尊五美，屏②四恶，斯可以从政矣。』子张曰：『何谓五美？』子曰：『君子惠而不费，劳而不怨，欲而不贪，泰而不骄，威而不猛。』子张曰：『何谓四恶？』子曰：『不教而杀谓之虐；不戒视成谓之暴；慢令致期谓之贼；犹之与人也，出纳③之吝，谓之有司④。』

注释

①斯：就。 ②屏：除去。 ③出纳：偏义复词，意为『出』。

④有司：古代管事者，职务卑微。

译文

子张问孔子说：『怎样才可以从政呢？』孔子说：『尊重五种美德，排除四种恶政，这样就可以从政了。』子张问：『五种美德是什么？』孔子说：『君子要让百姓得到恩惠而又不浪费钱财，使百姓劳作而又不使他们有怨恨，有欲望却不贪心，神情庄重而不傲慢，态度威严而不凶猛。』子张问：『四种恶政是什么呢？』孔子说：『不经教化便横加杀戮叫作暴虐；不加告诫便要求成功叫作暴躁；不加督促而突然限期叫作狠毒；同样是给人财物，出手时却很吝啬，犹如器量狭小的有司一样小气。』

原文

（五·十六）

（一五四）子谓子产①：『有君子之道四焉：其行己②也恭③，其事上④也敬，其养民也惠，其使民也义。』

注释

①子产：姓公孙，名侨，字子产，为春秋时郑国的贤相。

②行己：自我修养。③恭：谦恭。

④事上：侍奉君主。

译文

孔子评论子产说：『他有四种君子的道德品行：他自己行为庄重，他侍奉君主恭敬，他教养百姓多用恩惠，他役使百姓合乎法度和道义。』

原文

（五·二十六）

（一五五）子路曰：『愿闻子之志。』子曰：『老者安①之，朋友信之②，少者怀之③。』

注释

①安：安心。

②信之：互相信任。

③怀之：得到关怀。

译文

子路对孔子说：『愿意听听老师您的志向。』孔子说：『（我的志向是）让年老的人都能安心生活，让朋友们信任我，让年少的孩子们都怀念我。』

原文

（一五八）孔子曰：『求！君子疾①夫舍曰②欲之而必为之辞③。丘也闻有国有家者，不患寡而患不均，不患贫④而患不安。盖⑤均无贫，和无寡，安无倾。夫如是，故远人不服，则修文德以来之。既来之，则安⑥之。』

（十六·一）

注释

①疾：憎恨。

②舍曰：避而不谈。

③辞：此处为辩解之词，借口。

④贫：此处指人口少。

⑤盖：承上文申述原因。

⑥安：安抚，安定，安心。

译文

孔子说：『冉求，君子痛恨那种不肯明说自己私下想要达到的目的，而又一定要找出理由来为自己要达到目的的行动辩解的做法。我听说，拥有封国和家族的诸侯和大夫治政，不怕财物少，而怕财富分配不均；不怕人口少，而怕不安定。所以财富均匀了，也就没有贫穷；大家和睦了，就不会感到人少；国家安定了，也就没有倾覆的危险了。如果这样做，边远的人还不归服，就用仁、义、礼、乐吸引他们悦服。已经来了，就要安置好他们，让其安心。』

原文

（十五·十二）

（一五七）子曰：『人无远虑①，必有近忧②。』

注释

①远虑：长远的谋划。

②近忧：眼前的忧患。

译文

孔子说：『人若目光短浅不做长远的谋划，一定会出现忧患。』

原文

（八·十四）

（二五八）子曰：『不在其位①，不谋②其政③。』

注释

①其位：那个职位。

②谋：考虑，谋划。

③政：事务，政务。

译文

孔子说：『不在那个职位上，就不要越俎代庖，乱参与那个职位上的政务。』

原文

（十八·四）

（一五九）齐人归①女乐②。季桓子③受之，三日不朝。孔子行④。

注释

①归：通『馈』，赠送。

②女乐（yuè）：歌姬和舞女。

③季桓子：姓季孙，名斯。鲁定公四年，季孙斯是掌握鲁国权柄的执政上卿。

④行：离开。此处指离职出走。

译文

齐国赠送了许多歌姬、舞女给鲁国。季桓子接受了，三天不上朝问政事。孔子就离职出走了。

原文

（十三·十七）

（一六〇）子夏为莒父①宰②，问政。子曰：「无③欲速，无见④小利。欲速则不达；见小利，则大事不成。」

注释

①莒父：鲁国的一个城邑。②宰：古代官名。

③无：勿，不要。

④见：看到，接触。此处有贪求的意思。

译文

子夏做莒父的主宰时，向孔子请教政事。孔子说：「做事不要过分求快，不要贪求小利。求快反而达不到预期目的，贪图小利就做不成大事。」

仁德篇

原文

（一六一）颜渊问仁。子曰：『克己复礼①为仁。一日克己复礼，天下归仁②焉。为仁由己，而由人乎哉？』颜渊曰：『请问其目③？』子曰：『非礼勿视，非礼勿听，非礼勿言，非礼勿动。』颜渊曰：『回虽不敏④，请事⑤斯语矣。』

（十二·一）

注释

①克己复礼：克制自己，使自己的言行回到符合礼的要求。礼，礼仪。

②归仁：回归于仁。　③目：具体准则。　④敏：聪敏。

⑤请事：从事，照着去做。请，愿。事，做。

译文

颜渊问怎样做才是仁。孔子说：『克制自己，使自己的言行举止回到符合礼的要求，这就是仁。一旦这样做了，天下将回归仁德。实现仁德，完全在于自己，难道还在于别人吗？』颜渊说：『请问实行仁的具体准则是什么？』孔子说：『不符合礼仪的东西不看，不符合礼仪的声音不听，不符合礼仪的话不说，不符合礼仪的事情不做。』颜渊说：『我虽然天资愚笨，但愿意照您的这些话去做。』

原文

（四·三）

（一六二）子曰：『唯仁者①能好②人，能恶③人。』

注释

①仁者：有仁德的人。

②好（hào）：喜爱。

③恶（wù）：憎恶，讨厌。

译文

孔子说：『只有那些有仁德的人，才能公正真心地去喜爱人，才能正确地、正大光明地去憎恨人。』

原文

（四·四）

（一六三）子曰：『苟[1]志[2]于仁矣，无恶[3]也。』

注释

①苟：连词，如果，假设。

②志：有志，立志。

③恶：邪恶，邪念。

译文

孔子说：『一个人如果能够立志修养和弘扬仁德，那他就不会再有邪恶的念头了。』

原文

（四·十一）

（一六四）子曰：『君子怀德，小人怀土；君子怀刑①，小人怀惠②。』

注释

①刑：在古代是指法律制度。

②惠：恩惠。此为实惠和私利。

译文

孔子说：『君子心中思念的是实行道德，小人心中思念的是乡土安逸；君子关心的是遵守法度，小人关心的是实惠和私利。』

原文

（十四·四）

（一六五）子曰：『有德者①必有言②，有言者不必③有德。仁者必有勇，勇者不必有仁。』

注释

①有德者：有高尚品德的人。

②言：指好的言论。

③不必：不一定，不能肯定。

译文

孔子说：『有高尚品德的人一定有好的言论，有好的言论的人不一定有高尚品德。有仁德的人在关键时刻一定勇敢，勇敢的人却不一定有仁德。』

原文

（十五·九）

（一六六）子曰：『志士仁人①，无求生②以害仁，有杀身③以成仁。』

注释

①志士仁人：有志之士，仁德的人。

②求生：此指贪生怕死。

③杀身：牺牲自己的性命。

译文

孔子说：『有志之士，仁德之人，没有苟且偷生而损害仁德的，只有牺牲自己的性命来成全仁德的。』

原文

（十五·三十六）

（一六七）子曰：『当仁①不让②于师③。』

注释

①当仁：当，面临。仁，仁德。此处指有可实践仁德的机会，就应挺身而出。

②让：谦让。

③师：老师。

译文

孔子说：『面临可实践仁德的机会，就是老师，也不同他谦让。』

原文

（十四·三十四）

（一六八）或曰：『以德报怨①，何如？』子曰：『何以报德？以直②报怨，以德报德。』

注释

①以德报怨：以德，用仁德。报怨，回报怨恨。

②直：正直。

译文

有人说：『用恩德来报答怨恨怎么样？』孔子说：『用什么来报答恩德呢？应该是用正直来回报怨恨，用恩德来报答恩德。』

原文

(四·二)

(一六九)子曰:『不仁者,不可以久处约①,不可以长处乐。仁者安仁②,知③者利仁④。』

注释

①约:穷困,困窘。

②安仁:安于实行仁道。

③知(zhì):智慧,聪明。

④利仁:利用仁德。

译文

孔子说:『没有仁德的人不能长久地过贫困生活,也不能长久地处于安乐的环境中。有仁德的人才能安心于实行仁道,有智慧的人则能善于利用仁德。』

原文

（十三·二十七）

（一七〇）子曰：『刚、毅、木、讷[1]，近仁[2]。』

注释

①刚、毅、木、讷：刚强、果敢、朴实、慎言。

②近仁：接近于仁。

译文

孔子说：『刚强、果敢、朴实、慎言，具有这四种品德的人已接近于仁德。』

原文

（十四·一）

（一七一）宪①问耻。子曰：『邦有道，谷②；邦无道，谷，耻也。』『克③、伐④、怨、欲不行焉，可以为仁矣？』子曰：『可以为难矣，仁则吾不知也。』

注释

①宪：姓原，名宪，孔子的学生。

②谷：小米。这里借指做官者的俸禄。

③克：好胜。

④伐：自夸。

译文

原宪问孔子什么是可耻的。孔子说：『国家政治清明，可以做官拿俸禄；国家政治黑暗，还做官拿俸禄，这就是可耻的。』原宪又问：『好胜、自夸、怨恨、贪欲都没有的人，可以算做到仁了吗？』孔子说：『做到这些，可以说是难能可贵的，但至于是不是做到了仁，那我就不知道了。』

原文

（一七二）子贡曰：『如有博施①于民而能济众②，如何？可谓仁乎？』子曰：『何事于仁，必也③圣乎！尧舜其犹病④诸！夫⑤仁者，己欲立而立人⑥，己欲达而达人⑦。能近取譬⑧，可谓仁之方也已。』（六·三十）

注释

①博施：博，广、多。施，给予。②济众：济，救济，接济。众，大众，众多。③必也：肯定，一定。④病：恐怕，担心。⑤夫：句首发语词。⑥立人：立，站立。人，别人。意为让别人也能站立。⑦达人：达，达到，行得通。意为让别人也能行得通。⑧譬：比如。

译文

子贡说：『如果有人能给老百姓很多好处周济大众，怎么样？可称作仁人了吧？』孔子说：『何止是仁人，那一定是圣人了！恐怕连尧、舜这样的圣人也难以做到。至于仁人，自己站得住，也要让别人站得住。自己要事事行得通，也要让别人事事行得通。比如就眼前的事选一件去做好，这就是实施仁道最好的方法了。』

原文

（十七·十四）

（一七三）子曰：『道听而途说①，德之弃②也！』

注释

①道听而途说：道与途义同，在路上听说又在路上传说，泛指无根据的传闻。而，虚词。

②弃：背弃。

译文

孔子说：『在路途上听到的无根据的传言，又不加证实地四处宣扬，这是违背道德的应唾弃的行为。』

原文

（一·三）

（一七四）子曰：『巧言①令色②，鲜③矣仁④！』

注释

①巧言：花言巧语。

②令色：令，美好的意思。色，表情。这里指面貌伪善，装出和颜悦色的样子。

③鲜：少。

④仁：仁德的人。

译文

孔子说：『花言巧语，装出和颜悦色的样子去讨好别人，这种人是很少有仁德的。』

礼义篇

原文

（四·十三）

（一七五）子曰：『能以礼让为国①乎？何有②？不能以礼让为国，如礼何③？』

注释

①为国：为，动词，此处意为治理。为国，治理国家。

②何有：意为何难之有，即有什么困难。

③如礼何：把礼怎么办。

译文

孔子说：『能够用礼让原则来治理国家，那还有什么困难呢？不用礼让来治理国家，如何能实行礼仪呢？』

原文

（八·二）

（一七六）子曰：『恭而无礼则劳①，慎而无礼则葸②，勇而无礼则乱③，直而无礼则绞④。君子笃⑤于亲，则民兴于仁；故旧不遗，则民不偷⑥。』

注释

①劳：徒劳。 ②葸（xǐ）：胆怯，畏缩。 ③乱：犯上作乱。

④绞：话语尖刻刺人。 ⑤笃：忠诚，情深。

⑥偷：淡薄，不厚道。

译文

孔子说：『恭敬而不懂礼教，就未免徒劳；谨慎而不懂礼教，就显得懦弱；胆大而不懂礼教，就容易闯祸；直爽而不懂礼教，就会言语刻薄。在上位的人对待亲族宽厚仁慈，老百姓就会走向仁德；在上位的人不遗弃他的老同事、老朋友，老百姓就不会对人冷漠无情。』

原文

（三·三）

（一七七）子曰：『人而①不仁，如礼何②？人而不仁，如乐③何？』

注释

①而：连词，连接主语和谓语，有如果的意思。

②如礼何：即『礼如何』，即把行为准则、道德规范放在什么位置。

③乐（yuè）：音乐。

译文

孔子说：『一个人如果不讲仁德，礼仪规范对他又有什么用呢？一个人如果没有仁爱之心，音乐对他又有什么陶冶作用呢？』

原文

（二十·三）

（一七八）孔子曰：『不知①命②，无以为君子也；不知礼，无以立③也；不知言④，无以知人也。』

注释

①知：知道，懂得。『无以知人也』中，『知』的意思为了解。

②命：天命，时代趋势，自然规律。③立：立身，自立。

④不知言：言，说的话，言论。此句意为不能正确理解别人的言论，就不能真正了解这个人。

译文

孔子说：『不懂得顺应时代趋势的天命，就不能做君子；不知道礼仪，就不能立身处世；不善于分辨言论是非，就不能真正了解人。』

原文

（一七九）子入太庙①，每事问。或曰：“孰谓鄹②人之子知礼乎？入太庙，每事问。”子闻之，曰：“是礼也。”

（三·十五）

注释

①太庙：供奉、祭祀太祖的祖庙。鲁国太庙，即周公旦的庙，供鲁国祭祀周公。

②鄹（zōu）：春秋时鲁国地名，在今山东曲阜附近。“鄹人之子”是指孔子。“鄹人”则指孔子的父亲，他做过鄹大夫，所以称为鄹人。

译文

孔子到了太庙，每件事都要问。有人说：“谁说鄹人的儿子懂得礼呀？他到了太庙里，什么事都要问别人。”孔子听到此话后说：“这样做就是礼呀！”

原文

（三·十二）

（一八〇）祭①如在②，祭神如神在。子曰：『吾不与③祭，如④不祭。』

注释

①祭：祭祀祖先。

②如在：就像祖先在面前。

③与：亲自参与，参加。

④如：如同。

译文

祭祀祖先就好像祖先在我们面前一样，祭祀神就好像神在我们眼前一样。孔子说：『我如果不亲自参加祭祀，就如同不祭祀一样。』

原文

（一·十五）

（一八一）子贡曰：『贫而无谄①，富而无骄②，何如③？』子曰：『可也；未若④贫而乐，富而好礼者也。』

注释

①谄：巴结，奉承。 ②骄：傲慢自大。

③何如：怎么样。 ④未若：还不如。

译文

子贡说：『贫穷而不去巴结奉承，富有而不骄傲自大，你说怎么样呢？』孔子说：『这也算可以了，但还是比不上虽贫穷却乐于道，虽富有而又谦虚好礼之人。』

原文

（一·十三）

（一八二）有子曰：『信近于义①，言可复②也。恭近于礼，远③耻辱也。因④不失其亲，亦可宗⑤也。』

注释

①义：儒家的伦理范畴，是指思想和行为符合一定的标准。

②复：实践，兑现。③远：远离、避免的意思。

④因：依靠。⑤宗：众人所师法的人，引申为可靠、尊敬。

译文

有子说：『讲信用要符合道义，承诺才能兑现。恭敬要符合礼，这样才能远离耻辱。所依靠的应该是亲近自己的你所了解的人，才是可尊敬而靠得住的。』

原文

（一八三）（三·二十六）

子曰：「居上①不宽②，为礼③不敬④，临丧不哀，吾何以观之哉？」

注释

①居上：身居高位。

②宽：待人宽厚，宽宏大量。

③为礼：施行礼仪。

④敬：恭敬。

译文

孔子说：「身居高位的人假如不能宽厚待人，举行礼仪的时候不恭敬，参加丧礼时也不悲哀，这种人我怎么能看得下去呢？」

原文

（六·二十七）

（一八四）子曰：『君子博学于文，约①之以礼，亦②可以弗③畔④矣夫！』

注释

①约：约束。

②亦：句首语助词。

③弗（fú）：不。

④畔：通『叛』，指离经叛道。

译文

孔子说：『君子只有能够广泛地学习文化知识，并且用礼来约束自己，才能够做到不离经叛道啊！』

原文

二八五（十·一二）孔子于乡党①，恂恂②如也，似不能言者。其在宗庙朝廷，便便③言，唯④谨尔。

注释

①乡党：父兄宗族所在地，此处指在家乡本地。

②恂（xún）恂：温和恭顺而又郑重的样子。

③便便：言论明断畅达。

④唯：只是。

译文

孔子在家乡的地方上显得很温和恭敬，像是不太会讲话的人，但他在宗庙里、朝廷上，却很善于言辞，只是说得比较谨慎而已。

原文

一八六（三·四） 林放①问礼之本②。子曰：“大③哉问！礼，与其奢也，宁俭；丧，与其易④也，宁戚⑤。”

注释

①林放：鲁国人，姓林，名放，字子上。
②本：本质，根本。
③大：重大，重要。
④易：操办完美。这里指有关丧葬的礼节仪式办理得很周到完美。
⑤戚：心中悲哀。

译文

林放问什么是礼的根本。孔子回答说：“这个问题意义重大啊！就礼节仪式而言，与其过于奢侈，不如节俭；就丧事而言，与其仪式上置办周备完美，不如内心真正哀伤。”

原文

（三·一）

（一八七）孔子谓①季氏②：『八佾③舞于庭，是④可忍⑤也，孰⑥不可忍也？』

注释

①谓：谈论。　②季氏：鲁国正卿季孙氏，即季平子。

③八佾（yì）：佾，行列的意思，特指古代奏乐舞蹈的行列。古时一佾是八个人的行列，八佾是六十四人。《周礼》规定，只有周天子才可以使用八佾，诸侯为六佾，卿大夫为四佾，士用二佾。季氏是正卿，按礼只能用四佾，用八佾就是越礼。　④是：这，这个。

⑤忍：残忍，狠心。　⑥孰：疑问代词。此处是『什么』的意思。

译文

孔子谈到季氏，说：『他用六十四人的八佾队列在自己的庭院中奏乐舞蹈，如果这样越礼的事都可以狠心做出来，还有什么事情不可以狠心做出来呢？』

原文

（四·十）

（一八八）子曰：『君子之于天下也，无适①也，无莫②也，义之与比③。』

注释

①适：一定的主张或规定。

②莫：不能干的事。

③义之与比（bì）：可以理解为符合道义的就与之靠拢。比，挨近，靠拢。

译文

孔子说：『君子对于天下的事情，没规定要怎么干，也没规定不要怎么干，只要符合道义的、适宜干的事便去干。』

原文

（十一·一）

（二八九）子曰：『先进①于礼乐，野人②也；后进③于礼乐，君子④也。如用之，则吾从先进。』

注释

①先进：指先学习礼乐而后再做官的人。

②野人：乡野平民，在野的人。

③后进：先做官后学习礼乐的人。

④君子：有爵禄的贵族世卿子弟。

译文

孔子说：『先学习礼乐而后做官的，是原来没有爵禄的在野平民；先当了官然后再学习礼乐的，是原来就有爵禄的君子。如果要选用人才，那我主张选用先学习礼乐而后做官的人。』

原文

(九·十四)

（一九〇）子欲居九夷①。或曰：『陋②，如之何？』子曰：『君子居之，何陋之有？』

注释

①九夷：淮夷，中国古代对东方少数民族的通称。

②陋：鄙野，文化落后闭塞，不开化。

译文

孔子想要搬到偏远的九夷去居住。有人说：『太闭塞，不开化，怎么能住那里呢？』孔子说：『有君子去住，自然能转变民风，还有什么闭塞落后的呢？』

和谐篇

原文

（一九一）子曰：『中庸①之为德②也，其至③矣乎！民鲜④久矣！』

（六·二十九）

注释

①中庸：儒家的一种处世主张。中，调和，折中，不偏不倚。庸，平常。

②德：道德。

③至：最高顶点。

④鲜（xiǎn）：少。

译文

孔子说：『中庸作为一种道德，该是最高的了吧！人们缺少这种道德已经很久了。』

原文

（三·七）

（一九二）子曰：『君子无所争，必①也射②乎！揖③让而升④，下而饮⑤。其争也君子。』

注释

①必：必须争或一定争。 ②射：原意为射箭比赛，此处指古代的射礼。

③揖：拱手行礼，表示尊敬。 ④升：上升。此处为上场时双方互相行礼。

⑤下而饮：比赛结束下场后入堂饮酒，互相祝贺。

译文

孔子说：『君子没有什么可与人相争的事情。必须争的话，那就是射箭比赛了。比赛之前，先相互作揖谦让，然后上场，比赛结束礼毕之后，又一起登堂喝酒。这样的竞争，可以说是君子之争了。』

原文

（十三·二十八）

（一九三）子路问曰：『何如斯可谓之士矣？』子曰：『切切偲偲①，怡怡②如也，可谓士矣。朋友切切偲偲，兄弟怡怡。』

注释

①切切偲（sī）偲：互相批评、勉励的样子。

②怡怡：和气、亲切的样子。

译文

子路问孔子：『怎样才可以称为士呢？』孔子说：『互相批评、勉励，和睦相处，可以算是士了。朋友之间互相督促、勉励，兄弟之间和睦相处。』

原文

（十六·八）

一九四 孔子曰：『君子有三畏①：畏天命，畏大人，畏圣人②之言。小人不知天命而不畏也，狎③大人，侮④圣人之言。』

注释

①畏：敬畏。

②圣人：具有最高智慧和道德的人。

③狎：亲昵而不尊重。

④侮：轻慢。

译文

孔子说：『君子敬畏之事有三：敬畏时代发展趋势的天命，敬畏地位高贵有仁德的人，敬畏圣人的言论。小人因不懂得天命而不敬畏，不尊重地位高贵的人，轻侮圣人的言论。』

原文

（一·十二）

（一九五）有子曰：『礼①之用，和②为贵。先王之道③，斯④为美。小大由之。有所不行，知和而和⑤，不以礼节⑥之，亦不可行也。』

注释

①礼：孔子的礼，既指周礼，也指人们要遵守的道德规范。

②和：和谐，协调。 ③先王之道：指尧、舜、禹等古代帝王的治世之道。

④斯：此，这。 ⑤知和而和：只知道和谐，只想到调和。 ⑥节：节制，约束。

译文

有子说：『礼的应用，以和谐为贵。古代贤明君主的治国方法，其可贵的地方就在这里，大事小事都按和谐的方法去做。但是，有的时候也行不通，只知道为和谐而和谐，不用礼仪制度来节制和约束，也是不行的。』

原文

（十五·二十三）

（一九六）子曰：『君子不以言举①人，不以②人废言③。』

注释

①举：举荐，推举。

②以：因。

③废言：废，废除不用，不采纳。言，言论，主张。

译文

孔子说：『君子不会只凭一个人说的话好听而举荐他，也不会因为一个人的品行有缺点而不采纳他的正确言论和主张。』

原文

（十二·十）

（二九七）子张问崇德①辨惑②。子曰：『主③忠信，徙义④，崇德也。爱之欲其生，恶之欲其死。既欲其生，又欲其死，是惑也。』

注释

①崇德：提高道德修养的水平。　②惑：迷惑，是非不明。

③主：坚持。　④徙义：向义靠拢，追求道义。徙，迁移。

译文

子张问怎样提高道德修养水平和辨别是非解除迷惑的能力。孔子说：『坚持以忠信为本，不停追求道义，这就能提高道德修养水平了。爱一个人就希望他活下去，厌恶起来就恨不得他立刻死去。既要他活，又要他死，这就是迷惑。』

原文

（十五·十）

（一九八）子贡问为仁①。子曰：『工②欲善其事，必先利其器③。居是邦也，事其大夫之贤者，友其士之仁者。』

注释

①为仁：修养仁德。

②工：此处指工匠。

③利其器：使工具锐利和精良。

译文

子贡问如何修养仁德。孔子说：『工匠想把活儿做好，一定要先使自己的工具锐利精良。住在这个国家，就要侍奉大夫中的那些贤者，交往士人中的那些仁者。』

原文

（二·十九）

（一九九）哀公①问曰：『何为则民服？』孔子对曰②：『举直错诸枉③，则民服；举枉错诸直，则民不服。』

注释

①哀公：鲁国国君，姓姬，名蒋。『哀』是其谥号。

②对曰：《论语》中，臣下回答君上的询问一定用『对曰』。

③错诸枉：错，通『措』，放置。诸，『之于』的合音。枉，不正之人。

译文

鲁哀公问道：『要做些什么老百姓才能服从呢？』孔子答道：『提拔任用正直的人，并把他放在走邪道的人之上，老百姓就会心服。假若提拔走邪道的人，并把他放在正直的人之上，老百姓就不会心服。』

原文

（二·十六）

（二〇〇）子曰：『攻①乎异端②，斯③害也④已⑤。』

注释

①攻：批驳，驳斥。

②异端：古代指违反礼义道德的主张、教义。

③斯：这。

④也：句中语气词，表停顿，引起下文。

⑤已：停止，消除。

译文

孔子说：『只有批判那些妖言惑众的异端邪说，祸害才可以消除。』

附录

名言名句索引

一·十四 敏于事而慎于言（十）

五·十五 敏而好学，不耻下问（十一）

六·二十 知之者不如好之者，好之者不如乐之者（十二）

七·十九 发愤忘食，乐以忘忧（十三）

七·二十八 择其善者而从之（十四）

七·八 举一隅不以三隅反（十五）

八·十七 学如不及，犹恐失之（十八）

十九·十三 学而优则仕（二十三）

九·十七 逝者如斯夫！不舍昼夜（二十七）

七·二十二 三人行，必有我师焉（二十九）

四·十七 见贤思齐焉（三十）

五·二十　三思而后行（六十）
十五·十五　躬自厚而薄责于人（六十一）
一·四　吾日三省吾身（六十二）
七·三十七　君子坦荡荡，小人长戚戚（六十四）
十五·二　君子固穷（六十五）
十五·二十四　己所不欲，勿施于人（六十六）
十四·三十五　不怨天，不尤人（六十七）
十七·二　性相近也，习相远也（六十九）
十五·二十七　小不忍则乱大谋（七十一）
二·二　一言以蔽之（七十四）
三·二十五　尽美矣，又尽善也（七十六）